Die schönsten Sagen und Märchen aus Bremen

Die
schönsten

Sagen
und
Märchen

aus Bremen

herausgegeben von
Oliver Falkenberg & Linda Sundmaeker

Mit Illustrationen von Peter Fischer

Edition Falkenberg

1. Auflage 2016

Copyright © Edition Falkenberg, Bremen

ISBN 978-3-95494-081-3

www.edition-falkenberg.de

www.edition-falkenberg.de

Inhalt

Die Bremer Gluckhenne

Der Himmel war trübe und bewölkt. Drohend schaute er herunter auf ein Häuflein heimatloser Menschen. Männer, Frauen und Kinder, die mit ihren Kähnen im Weserstrom fischten. Sie hatten sich den Überfällen ihrer Nachbarn entzogen, die kaum auf ihren ärmlichen Besitz aus waren. Denn sie hatten nichts als ein paar Bretterhütten, ihre Kähne und Netze. Und wenn sich der Feind damit hätte abfinden lassen, hätten sie alles nur allzu gern hingegeben, konnten sie doch diesen Verlust in wenigen Tagen ersetzen. Aber sie hatten noch ein anderes Gut, das der Feind anzutasten drohte: Das war ihre Freiheit. Die hielten sie höher als Gold und wollten sie sich um jeden Preis bewahren, selbst wenn sie ihre geliebten Familienwohnsitze aufgeben mussten. So lagen sie denn im Flusse und spähten umher, ob nicht irgendein günstiges Vorzeichen zu entdecken sei. Denn die Umgebung war so heimelich und der Fluss so fischreich, dass sie sich gern an diesem Ufer niedergelassen hätten. Aber es wurde Abend, und noch hatten ihnen die Geister des Landes kein Zeichen gesandt und sie zu sich eingeladen. Die Menschen jammerten und waren traurig, dass sie nun weiter ziehen mussten aus dieser schönen Gegend.

Plötzlich drang ein Strahl der sinkenden Sonne durch die Wolken und erhellte die ganze Landschaft mit einem wundersamen Glanz. Da bemerkten sie eine Henne, die sich und ihren Küken einen sicheren Ruheplatz für die Nacht suchte. Jubelnd sprang alles Volk aus den Schiffen, um der Henne zu folgen, die mit ihrer kleinen Schaar einen Hügel hinaufging, um sich im hohen Heidekraut auf der Düne zu verbergen. In diesem Ereignis erkannten sie ein Bild und Spiegel ihrer eigenen Lage. Sie beschlossen, es als ein günstiges Zeichen zu deuten und schlugen hier ihre Zelte auf. Dieser Hügel sollte fortan ihr Hort der Freiheit sein.

So wurde in uralter Zeit der Grund gelegt zu der Stadt Bremen, und da die neuen Ansiedler sich hauptsächlich vom Fischfang ernährten, so mag man mit vollem Rechte sagen, dass das Fischeramt das älteste in der Stadt sei. Die Henne aber mit ihren Kleinen hat ihren Platz am Rathaus gefunden, im zweiten Arkadenbogen von links ist sie zu finden. Sie gilt weit und breit als Wahrzeichen unserer Stadt.

Blumenstrauß, Dornstrauch

Eine Frau, die in der Frühe des Morgens zum Waschen gehen wollte, erwachte um Mitternacht, und da die ganze Straße in heller Mondbeleuchtung dalag, glaubte sie, es sei schon spät und höchste Zeit, aufzubrechen. In demselben Augenblick, wo sie vor dem Hause auf der Langenstraße ankam, in das sie bestellt war, öffnete sich die Tür und heraus trat die Hausfrau im weißen Festgewand. Sie warf der Frau mit freundlichem Lächeln einen herrlich duftenden Blumenstrauß in das Armkörbchen und rauschte, ohne weiter ein Wort zu sprechen, an ihr vorüber, die Straße hinauf in Richtung Marktplatz. Erstaunt blickte ihr die Wäscherin nach, bis sie an der Straßenecke ihren Augen entzogen war. Sie wunderte sich sehr, wohin wohl die Dame so allein in der einsamen Mondnacht gehen wollte, und wartete noch ein Viertelstündchen, ob sie nicht wieder zurückkommen würde. Aber sie kam nicht, und nun trat die Frau ins Haus, um an ihre Arbeit zu gehen.

Es war alles finster und still im Hausflur und niemand stand zu ihrem Empfang bereit, so tastete sie sich zur Schlafstelle der Mägde vor, die unter der Treppe war, und fand sie im tiefsten Schlaf. Nur mit Mühe waren sie zu wecken, und als sie berichtete, dass die Herrin schon ausgegangen sei, standen sie eilig auf, da sie glaubten, die Zeit verschlafen zu haben.

Als sie Licht gemacht hatten, sahen sie mit Verwunderung auf der Hausuhr, dass es erst zwölf Uhr war. Nun glaubten die Mägde, dass die Wäscherin sie mit ihrer Erzählung habe aufziehen wollen, und gingen zu der Kammer der Hausfrau, um sich zu überzeugen, fanden aber die Tür verschlossen. Sie wussten nun nichts anzufangen, da die Herrin den Schlüssel zur Wäschekammer hatte, und die Wäscherin sah ein, dass es am Geratensten sein würde, vorläufig wieder nach Hause zu gehen, auch die Mägde gingen einstweilen wieder zu Bett.

Als die Waschfrau die Glocke fünf schlagen hörte, machte sie sich wieder auf den Weg, und als sie jetzt ins Haus trat, fand sie die Hausfrau, wie sie in häuslicher Kleidung ihre Anordnungen für den heutigen Tag machte. Die Wäscherin war neugierig, was die Dame um Mitternacht ins Freie getrieben hatte, und spielte auf den Spaziergang an, indem sie ihren Dank für den herrlichen Blumenstrauß abstattete, den sie sogleich aus ihrem Korb hervorsuchte.

Die Dame aber machte ein zorniges Gesicht, drückte der Frau einen Taler in die Hand und befahl ihr, nicht weiter von der Sache zu reden. Da wusste die Hausfrau, was die Glocke geschlagen hatte, und als sie nun endlich den Blumenstrauß aus ihrem Korb hervorzog, fand es sich, dass es nichts als ein elender Dornstrauch war.

Der Apfelschimmel im Mondschein

Zwei junge Burschen gingen spät abends bei Mondschein aus der Stadt und wandten sich dem Blockland zu. Dort wollten sie sich übersetzen lassen, um nach Ritterhude zugelangen. Bei der Capelle (= ein heute noch existierender Hof am Wümmedeich) sahen sie einen wunderschönen Apfelschimmel mit lang herabwallenden Mähnen. Darauf lud der jüngere Bruder den anderen ein, mit ihm das Tier zu besteigen, sie würden auf diese Weise gar schnell und bequem ans Ziel gelangen.

Vergebens stellte der ältere Bruder dem Unbesonnenen die Frage, wie sie es ohne Zügel und Bügel über die zahlreichen Quergräben schaffen sollten. Der Jüngere ließ sich aber von seinem Vorhaben nicht abbringen und so verabredeten sie kurz, in welchem Wirtshaus sie sich im Blockland wieder zusammenfinden wollten. Darauf sprang der Erste mit einem raschen Satz auf das Tier, und Ross und Reiter waren nur noch wenige Augenblicke zu sehen. Auch der letzte Hufschlag verhallte bald in weitester Ferne.

Der Zurückgebliebene war verdrießlich, dass er sich durch seine Zaghaftigkeit von dem Ritt hatte zurückhalten lassen und arbeitete sich missmutig durch die beschwerlichen Wege. Endlich langte er bei dem Wirtshaus an und dachte, seinen Bruder zu finden, der wenigstens vor einer Stunde schon eingetroffen sein musste. Aber weder der Wirt noch das Gesinde wollten ihn gesehen haben! Kommen musste er, das wusste er wohl. Daher beschloss er, auf ihn zu warten, wenn es auch noch so spät darüber werden sollte.

Aber es verging eine Stunde und noch eine, ohne dass sich der Ersehnte blicken ließ. Mitternacht war längst vorüber, als sich endlich die Tür öffnete und der jüngere Bruder herein trat, ohne Hut und Stock, mit fliegenden Haaren. Er berichtete noch ganz außer Atem, dass das Tier mit ihm davongerannt war, sobald er aufgesessen hatte. Wie toll und wild über Stock und Block war der Renner mit ihm bis vor Lilienthal galoppiert, wo er ihn abgeworfen hatte und spurlos verschwand. Nur mit großer Anstrengung habe er den Rückweg wiederfinden können.

Jetzt wurden sie gewahr, dass dies der Schimmel gewesen sein musste, dem man schon seit undenklichen Zeiten beim Mondschein im Feld begegnen kann. Der Reiter konnte Gott danken, dass ihm nichts Schlimmeres passiert war.

Der silberne Pflug, mit Federvieh bespannt

In alten Zeiten wohnte im Blockland ein Mann, den hielt man nicht für gut. Der Schullehrer zu Wasserhorst hatte seinen Etgrow (= Weideland) in jener Gegend, so dass die Mädchen an diesem Haus vorbei mussten, wenn sie vom Melken kamen. Da geschah es denn regelmäßig, dass den Kühen, mochten sie den Sommer über auch noch so ergiebig gewesen sein, alsbald die Milch verging, so dass der Schullehrer zuletzt seinen ganzen Etgrow lieber für einen einzigen Taler verpachten, als sich noch länger darüber ärgern wollte.

Einstmals wollte ein gewisser Sinnighes mit Fischen in die Stadt, und da sein Schwiegersohn, der in Wasserhorst wohnte, mit seinem Gespann ebenfalls dahin wollte, so machte er sich in aller Frühe mit seiner Frau auf den Weg, um den Schwiegersohn abzuholen und die günstige Gelegenheit zu nutzen. Denn er dachte, es müsse schon an der Zeit sein, obgleich es noch ganz dunkel war. Er ahnte nicht, wie sehr er sich getäuscht hatte!

Als er nun den Deich entlang ging und an den hohen Eschenbäumen vorbeikam, die vor dem Hause des bösen Nachbarn standen, machte ihn die Frau darauf aufmerksam, dass die ganze Wohnung hell erleuchtet war. Sie geriet in die größte Furcht bei diesem seltsamen Anblick. Da sie aber zugleich außerordentlich neugierig war, was dies zu bedeuten hatte, so bewog sie ihren Mann durch vieles Bitten, näherzutreten und durchs Fenster zu sehen.

Der kam nach wenigen Augenblicken ganz verstört zurück, hatte keinen trockenen Faden an seinem ganzen Leibe und zog sein Weib eilig mit sich fort nach Hause. Dort erzählte er, was er gesehen hatte, dass sie auf der Diele geackert hätten mit einem silbernen Pflug, der von Truthühnern gezogen worden sei. Die Anwesenden habe er nicht erkennen können, da sie das Gesicht von ihm abgewandt hätten.

Plötzlich ertönte die zwölfte Stunde vom Wasserhorster Kirchturm herüber und jetzt sahen sie mit Schrecken, wie sehr sie sich in der Zeit versehen hatten.

Sinnighes und seine Frau waren in großer Besorgnis, was der Nachbar wohl im Schilde führen möge. Hätten sie aber gewusst, was vor Jahren im

Niederviehlande vorgefallen war, so hätten sie leicht denken können, dass der Nachbar mit nichts Geringerem beschäftigt war, als einen Schatz zu heben.

Dort nämlich wohnte in uralter Zeit ein Bauer, der war sehr reich. Er hatte Kisten und Kästen voll Gold und Edelsteinen. Kein Ratsherr in der Stadt hatte Silbergeschirr wie er. Aber der Überfluss machte ihm große Sorgen, denn ringsum wütete der Krieg und man konnte mit jedem Tag der Ankunft raublustiger Horden entgegensehen. Immer dachte er darüber nach, wie er seine Kleinodien vor den Händen der Räuber verstecken könnte, und beschloss, sie dem Schoß der Erde anzuvertrauen.

Er hatte aber einen jungen Knecht, den er aus Mitleid in seine Dienste genommen hatte, weil er arm und elternlos war. An einem Sonntag nun schickte der Bauer alle seine Leute in die Kirche, Frau und Tochter, Knechte und Mägde, denn er gedachte, in ihrer Abwesenheit unbemerkt alles ins Werk zu richten.

Nun aber begab es sich, dass Hans nicht mit zur Kirche ging. Denn er schämte sich seiner Armut und meinte, er dürfe sich mit seinen Alltagskleidern vor der festlich herausgeputzten Gemeinde nicht sehen lassen. Er begab sich also in die Scheune, um sich dort in der Zwischenzeit zu verstecken.

Als der Bauer sah, dass sich alle entfernt hatten, und glaubte, dass die Luft rein sei, nahm er eine Schaufel und ging ebenfalls in die Scheune. Der Bursche hatte ihn zuerst nicht gesehen, da er sich tief im Heu versteckte, um nicht entdeckt zu werden.

Bald bemerkte er aber seinen Herrn, der sich gerade daran machte, in der Mitte der Scheune zu graben, immer tiefer und immer weiter, und der Bursche konnte von seinem Versteck aus alles deutlich übersehen.

Endlich war die Grube fertig, mannstief, und der Bauer entfernte sich für einige Augenblicke. Als er zurückkam, wälzte er keuchend einen großen kupfernen Kessel vor sich her, den er in das Loch hineingleiten ließ. Hans war neugierig, wie es nun wohl weiter gehen würde. Da sah er denn mit Verwunderung, dass der Mann eine große Mulde mit silbernen Gefäßen und kostbarem Gerät herbeitrug und in den Kessel schüttete. Dann holte er noch einmal eine Mulde voll blanker, harter Taler, die er ebenfalls hineinwarf, und nachdem er alles mit Brettern und Holzwerk überdeckt hatte, schaufelte er die Erde wieder darüber und ebnete sorgfältig den Boden, dass auch nicht die geringste Spur zurückblieb.

Während der Bauer mit dieser Arbeit beschäftigt war, kamen dem Burschen allerlei Gedanken. Er hatte nun mit eigenen Augen gesehen, wo der Herr den größten Teil seines Reichtums verscharrt hatte. Er wunderte sich über den Zufall, der ihn zum Mitwisser dieses gefährlichen Geheimnisses gemacht hatte, wodurch er den Wohlstand des Mannes ganz und gar in seine Hand gegeben glaubte. Denn was hinderte ihn, schon in der folgenden Nacht, oder wann es ihm einfallen mochte, die Kleinodien und den Reichtum wieder auszugraben und in alle Welt zu gehen? Er wurde ganz unruhig bei dieser Vorstellung, und wusste sich in seinem Versteck kaum zu lassen.

Allein, als der Bauer alles wieder geebnet und gesäubert hatte und nun anhub, den Schatz mit schwerem Bann zu belegen, da sah Hans wohl, dass die Sache doch mit größeren Schwierigkeiten verbunden sein würde, als er sich anfänglich gedacht hatte. Der Herr bannte den Reichtum aber dergestalt, dass er den Teufel zum Hüter einsetzte. Der sollte ihn nicht fahren lassen in sieben Jahren, und wer dann käme, ihn zu heben, der müsse kein anderer sein, als der Verlobte der Tochter des Hauses. Auch solle derselbe nicht graben mit Spaten und Schaufel, sondern müsse den Kessel zu Tage fördern mit silbernem Fuhrwerk, vor dem er das lebendige, beflügelte Feuer gespannt, und nichts anderes. Gäbe sich ein Unbefugter daran, so möge der Schwarze ihm den Hals brechen.

Nachdem der Bauer den Spruch vollbracht hatte, erhob er sich aufmerksam, als warte er auf ein Zeichen, ob er erhört sei. Da schwirrte eine große Fledermaus durch die Scheune, umkreiste den Mann und den Schatz dreimal in raschem, kaum sichtbarem Fluge und verschwand in demselben Augenblick. »Das wäre also in Ordnung gebracht«, sagte der Bauer, indem er sich den Schweiß von der Stirn trocknete, und beruhigt von dannen ging.

Unterdessen waren die Leute aus der Kirche zurückgekommen, und auch der junge Bursche hatte sich wieder ins Haus geschlichen und unter die Übrigen gemischt, um durch sein Wegbleiben keinen Verdacht zu erregen. Den ganzen Tag ging er wie ein Träumender herum, immer stand ihm der Kessel vor Augen mit dem glänzenden, lockenden Metall, mit der Fülle des Reichtums, unter der Obhut des höllischen Wächters. Aber auch dann, wenn er warten wollte, bis die Zeit erfüllt wäre, musste er an der Hebung der Schätze verzweifeln. Denn wie konnte es ihm in den Sinn kommen, das Herz der stolzen

Bauerntochter gewinnen zu wollen; und dazu noch das silberne Fuhrwerk mit dem feurigen Gespann!

Er wurde von Tag zu Tag unruhiger und endlich sah er es wohl ein, dass diese Gedanken ihn ganz und gar verzehren würden, wenn er nicht Anstalten träfe, die Gegend, wo ihn täglich alles an den geheimnisvollen Kessel mahnte, gänzlich zu verlassen. Also ging er zur See und ließ viele Jahre lang nicht das Geringste von sich hören, so dass sein Andenken mit der Zeit gänzlich in Vergessenheit geriet.

Je weniger die Dorfbewohner aber an ihn dachten, umso häufiger kamen ihm die heimatliche Erde und die Schätze, welche sie barg, in den Sinn. Und je näher der Zeitpunkt heranrückte, wo die Frist des Bannes abgelaufen sein würde, desto ernstlicher war er darauf bedacht, sein Geheimnis auszubeuten. Über die Art und Weise, wie er es anzustellen hätte, dass alles erfüllt würde, mochte er noch nicht grübeln. Er glaubte, das würde sich an Ort und Stelle schon finden, wenn es ihm nur erst gelungen wäre, die Gunst der Tochter seines ehemaligen Herrn zu

gewinnen. Daran hegte er aber durchaus keinen Zweifel, denn er war ein hübscher, stattlicher Kerl geworden, und der Unterschied des Vermögens hatte sich auch ausgeglichen, da er sich in glücklicher Fahrt viel Geld verdient und eine ansehnliche Summe zurückgelegt hatte.

Die sieben Jahre waren noch nicht ganz verflossen, da wanderte er schon voller Ungeduld dem väterlichen Dorfe zu. Da er weder Verwandte noch Freunde hatte, bei denen er ein Unterkommen hätte finden können, so ging er ins Wirtshaus. Er sah wohl, dass man ihn ganz vergessen hatte. Wer hätte auch in dem Fremden, dessen gesamte Erscheinung von trefflichem Wohlstand zeugte, den armen, zerlumpten Bauernburschen wiedererkennen sollen, der vor sieben Jahren in die weite Welt gegangen und seitdem gänzlich verschollen war?

Er wusste das Gespräch bald auf die Nachbarn zu bringen, und da vernahm er mit Verwunderung, dass sein ehemaliger Herr vor wenigen Wochen das Zeitliche gesegnet hatte. Man habe ihn allgemein für einen reichen Mann gehalten, auch habe er Zeit seines Lebens immer einen großen Aufwand gemacht. Es sei aber, als wenn er den Reichtum mit sich ins Grab genommen habe. Denn die Nachgebliebenen müssten sich kümmerlich genug behelfen und die Frau habe erst gestern noch eine Kuh verkaufen müssen, um nur ihre Abgaben bezahlen zu können.

Als Hans sich mit Speis und Trank gestärkt hatte, wanderte er zum Hof seines ehemaligen Brotherrn. Da aber war niemand, der ihn noch gekannt hätte. Nur die Tochter des Hauses, die jetzt völlig herangewachsen war und deren Schönheit durch die dunklen Trauerkleider nur noch mehr hervorgehoben wurde, wusste sich des armen, verwaisten Knabens, dem sie so manchen Bissen heimlich zugesteckt hatte, recht lebhaft zu erinnern.

Sie mochte ihre Freude nicht verhehlen, den ehemaligen Schützling in so günstigen Umständen zu erblicken, und freudig stimmte sie mit ein, als die Mutter bei seinem Fortgehen den Wunsch aussprach, er möge doch, solange er sich in der Heimat aufhalte, seinen Besuch von Zeit zu Zeit wiederholen. Hans ließ sich dies nicht zweimal sagen. Schon bald erwartete man ihn auf dem Hofe als täglichen, gern gesehenen Gast.

Als er sich endlich ein Herz fasste und um die Hand der Tochter anhielt, bemerkte er, dass er mit seiner Bewerbung nur den stillen Wünschen des Mädchens und seiner Mutter entgegengekommen war.

Mancher andere an seiner Stelle würde jetzt mit Ruhe die Hochzeit erwartet und mit seinem Vermögen einen neuen Wohlstand auf der Hofstelle begründet haben, den Schatz aber, der mit feuerbespanntem Silberwagen zur Hebung gebracht werden musste, Schatz sein lassen.

Nicht so Hans! Die Bedingungen des Bannes waren erfüllt, bis auf eine einzige. Sein Trachten und Sinnen war darauf gerichtet, wie er der Familie den Reichtum, der ihr so schnöde entzogen worden war, wieder zuwenden möge. Aber das verwünschte Fuhrwerk machte ihm die bittersten Sorgen und manche schlaflose Nacht.

Wiederum hatte er die Nacht hingebracht in nagender Unruhe, wie er endlich ans Ziel kommen möge, als er in der Morgenzeit in einen sanften Schlummer fiel. Da meinte er im Traum zu sehen, wie die Scheune, in welcher der Schatz vergraben lag, in Brand geraten sei und die hellen Flammen aus dem Dach schlügen. Als er aber genau hinsah, war es ein roter Hahn, der auf dem Strohdach stand und mit den Flügeln schlug. Der flog einen Augenblick später herunter von seinem hohen Standpunkt und setzte sich auf eine umgestürzte Pflugschar, die auf dem Hof lag, pickte mit dem Schnabel und scharrte mit den Füßen daran und gebärdete sich ganz,

als wollte er den Pflug in die Höhe richten und mit sich fortführen.

Da erwachte Hans und sprang von seinem Lager empor, um nicht von Neuem einzuschlummern und das Traumgesicht darüber zu vergessen. Er ging einige Mal auf und ab, um über den Sinn des Bildes nachzudenken, das noch in den hellsten Farben vor seiner Seele stand. Plötzlich machte er einen Luftsprung, denn er glaubte, die Andeutung, die in dem Traum läge, verstanden zu haben, und je länger er darüber nachdachte, desto mehr wurde er in seiner Meinung bestärkt.

Er war durch die Entdeckung wie neu belebt und, obgleich es noch sehr früh am Tag war, machte er sich sofort auf den Weg in die Stadt, wo er in den ersten, besten Goldschmiedeladen eintrat. Er fragte den Meister, ob er ihm wohl einen silbernen Pflug anfertigen könne. Der Mann musterte ihn langsam von oben bis unten, denn dieser Auftrag war nur allzu verwunderlich. Er glaubte, der Fremde wolle ihn nur zum Besten haben. Als derselbe aber ganz ernsthaft blieb, auch seine Frage in bestimmter Weise wiederholte, rückte er das Käppchen auf die Seite und trat einen Schritt näher.

»Wenn Ihr Silber mitgebracht habt, lieber Freund, so bin ich allerdings zu Eurem Dienst bereit«, sagte der Goldschmied. »Ich muss Euch gestehen, dass ich sonst nicht darauf eingerichtet bin.«

Da zog Hans, der sich auf alles gefasst gemacht hatte, behände einen großen Beutel mit blanken Talerstücken und schimmernden Gulden hervor und schüttete das Geld auf den Tisch. Dann gab er ihm an, in welcher Größe er das Werkzeug zu haben wünschte und ent- fernte sich endlich, indem

er dem Meister noch dringend empfohlen hatte, sein Werk möglichst zu beschleunigen.

Nach acht Tagen konnte er endlich seinen Pflug abholen und sich nun darauf vorbereiten, in der folgenden Nacht ans Werk zu gehen.

Sowie die Glocke zwölf geschlagen hatte, machte er sich auf den Weg. Unter dem rechten Arm trug er den Silberpflug und unter dem Linken einen roten Hahn. Den hatte er besonders ausgewählt zu diesem Zweck. Derselbe war untadelig, wie ein Zinshahn, groß und stark, dass er ohne Anstrengung über einen Eimer springen mochte.

Vor der Scheune spannte er den roten Hahn, das lebendige, beflügelte Feuer, in den silbernen Pflug, öffnete dann das Tor und fuhr zu der Stelle, wo der Schatz vergraben lag. Und obgleich kein Mondstrahl in die Scheune fiel, so war es doch so hell darinnen wie Kerzenschein. Denn von dem Pfluge aus ging ein leuchtender Schimmer, so dass der rote Hahn erglänzte wie Feuer und Flammen.

Nun fing Hans an, im Kreise zu ackern und pflügte die Erdschollen aus dem Boden heraus zur Seite. Der Hahn arbeitete unermüdlich und ohne Aufhören, es war keine Viertelstunde verflossen, da stieß der Pflug auf den Deckel. Hans ging unterdessen hinter dem Pfluge her und ließ sich nicht einschüchtern durch das Gebrause und die schrecklichen Stimmen, die ihn unaufhörlich umtönten. Er sah weder rechts noch links und hütete sich weislich, das geringste Sterbenswort von sich zu geben. Denn dann war der Schatz verloren; das wusste er noch recht gut von der Schule her.

Jetzt hob er den Deckel herunter, und wie die Sterne funkelte es in dem Kessel. Eilig belud er einen Korb, den er in Bereitschaft gehalten hatte, mit silbernen Bechern, Kannen und Spangen, und den zweiten füllte er mit harten Talern. Dann trug er alles ins Freie, verschloss das Scheunentor hinter sich, klopfte an die Haustür seiner Schwiegermutter und begehrte schleunigen Einlass. Die alte Frau und ihre Tochter waren bei diesem späten Besuche sehr erschrocken und fürchteten, es möge dem jungen Mann ein Unglück zugestoßen sein. Er erzählte ihnen alles von Anfang bis zu Ende und trug die schweren Körbe herein. Als die Hausfrau die vielen Taler und den mannigfachen, wohlbekannten Hausrat erblickte, da konnte sich die Alte der Tränen nicht enthalten über die sonderbaren Fügungen des Himmels, der ihr den ganzen früheren Reichtum zurückgab. Zu einer Zeit, wo sie sich desselben schon gänzlich entschlagen hatte.

Das Mädchen aber freute sich über die Klugheit und den Mut des Geliebten, und als der Herbst kam, wurden beide ein glückliches Paar.

Die Beteiligten gaben einander das Wort, gegen keine lebendige Seele diese Geschichte zu erzählen. Nur die Söhne und Enkel erfuhren davon, wenn sie nach der Bedeutung des silbernen Pfluges fragten, der lange Zeit sorgfältig in der Familie aufbewahrt wurde, bis auch dies Angedenken früherer Wunderzeiten im Schwedenkrieg abhanden gekommen ist.

Die Gräfin Emma und der Krüppel

Gräfin Emma von Lesum war eine Frau von außerordentlicher Frömmigkeit. Seit dem Tod ihres Gemahls Liudger lebte sie sehr zurückgezogen und fand ihre einzige Freude daran, Gutes zu tun. Besonders reich bedachte sie die Geistlichkeit: Nachdem sie den Erzbischof Libentius predigen gehört hatte, schenkte sie der Kirche in Bremen zwei Kreuze, eine Altar-Tafel und einen Kelch, alles von Gold und Edelsteinen verfertigt, zwanzig Mark puren Goldes an Wert. Aber ihre Freigebigkeit beschränkte sich nicht auf die Geistlichkeit.

Einst kam Herzog Benno von Sachsen nach Lesum und besuchte die Witwe seines verstorbenen Bruders Liudger. Mit ihrem stattlichen Gefolge ritten sie am frühen Morgen an der Stadt Bremen vorbei, um die Güter der Gräfin Emma, die unter anderem einen großen Teil des jetzigen Stadtgebiets umfassten, in Augenschein zu nehmen. Da kamen im Vertrauen auf die Milde der Gräfin einige Abgeordnete der Bürgerschaft und beklagten den Mangel an Weideland für ihr Vieh. Emma hörte ihnen mit aufrichtiger Teilnahme zu und versprach, ihrer Not abzuhelfen. Sie wollte ihnen an Wiesen und Weiden geben, so sagte sie zu, soviel ein Mann in einer Stunde umgehen könne.

Da wurde der Herzog besorgt, dass die Gräfin in ihrer bekannten Herzensgüte zu weit gehen und zu viel von seinem kostbaren Erbe verschenken würde, das ihm oder seinen Kindern nach dem Tod zufiel. »Ihr solltet lieber die Frist auf einen ganzen Tag ausdehnen«, sagte er ärgerlich.

Die Gräfin aber überhörte den Vorwurf, der in seinen Wort lag und erwiderte sanft: »Der Herr hat mich reich gesegnet an irdischen Gütern; es mag Euer Wort gelten.«

Diese Zustimmung der Gräfin kam ihm vollends unerwartet und er sann darauf, wie die Sache rückgängig zu machen sei. Da kam ihm plötzlich ein listiger Gedanke. Er verbarg seinen Ingrimm unter einer glatten Miene und nahte sich mit gleisnerischen (=heuchlerischen) Worten seiner Schwägerin: »Da Ihr Euch«, sagte er, »in dieser Angelegenheit meinem Rate so schnell gefügt habt, so überlasst es mir doch auch, die Sache sogleich ins Werk zu richten.«

Emma willigte arglos in sein Begehren ein und nun kam die Tücke des Herzogs zum Vorschein. Denn er sprengte die Straße hinab bis zu einem Bettler, bei dem sie soeben vorbeigeritten waren und dem die Gräfin ein reichliches Almosen gespendet hatte. Im Vorüberreiten hatte er bemerkt, dass der Mann ein armer Krüppel war. Verwundert folgte ihm der ganze Zug.

»Soll ich also«, wandte sich Benno schadenfroh an die Gräfin, »dafür sorgen, dass Euer Befehl pünktlich vollstreckt werde, so will ich Euch den Mann zeigen, der sogleich seinen Weg antreten möge.«

Da brachen die Bürger in lautes Wehklagen aus, dass durch des Herzogs arge List die Freigebigkeit ihrer Wohltäterin so schnöde vereitelt werden würde. Aber Emma stieg kurzerhand von ihrem Ross herunter, legte ihre Hand wie segnend auf das Haupt des armen Krüppels und betete leise. Verzweifelt standen die Bürger daneben, denn sie kannten den Mann und wussten, dass er sich ohne fremde Hilfe nicht vom Platz bewegen konnte. Des Morgens brachten ihn mitleidige Menschen an die Straße und des Abends holten sie ihn wieder heim. Der Bettler selbst war über die Zumutung der hohen Frau erstaunt, als sie ihm winkte aufzubrechen, und sah zweifelnd zu ihr in die Höhe. »Versuch's doch nur«, sagte Emma und der Krüppel setzte sich in Bewegung. Gehen konnte er nun freilich nicht, da der Gebrauch der Füße ihm gänzlich versagt war. Also kroch er auf den Händen und ein Diener der Gräfin folgte ihm, um alle hundert Schritt auf seiner Bahn einen Pfahl einzuschlagen.

Am Anfang waren die Bürger traurig und die Meisten gingen voller Missmut nach Hause, denn was sollten sie von einem Krüppel erwarten. Der aber kroch und kroch immer gleichmäßig weiter ohne Ruhe und Rast, und als die Bürger gegen Mittag wieder hinausgingen, wurden sie auf das Angenehmste überrascht: Soweit das Auge reichte erblickten sie die hellschimmernden Pfähle in einer langen, langen Reihe und im Hintergrund in einem ungeheuren Bogen. So ging es fort und im Abendschein konnte man schon von der Stadt aus deutlich den Krüppel arbeiten sehen, wie er näher und näher kam. Als die Sonne sank, langte er bei der Stadt an, und es war eine Weide eingezäunt, viel umfangreicher als die Bürger ursprünglich gehofft hatten und die fast zu groß für ihren Bedarf erschien. Dies war im Jahre 1032.

Auf diese Wiesen haben die Bremer die jetzige Bürgerweide und später auch den Bürgerpark gemacht. Bis ins 20. Jahrhundert ließen sie ihr Vieh gegen eine unbedeutende Einschreibegebühr dort grasen.

Den Krüppel aber haben die Bremer zeitlebens in Ehren gehalten und auch die dankbare Nachwelt hat ihn nicht vergessen. Sein Bildnis sieht man zwischen den Füßen der Rolandsäule in Stein ausgehauen.

Emma lebte noch vierzig Jahre nach dem Tode ihres Mannes. Zeitlebens war sie eine Stütze und Trost für die Armen und Notleidenden. Nach ihrem Tod wurde sie im Dom unter einem viereckigen blauen Stein begraben.

Was den habsüchtigen Herzog Benno und seine Familie anlangt, so wurde ihre Erwartung bitter getäuscht, nach Emmas Tod ihren gesamten Nachlass zu erben. Denn ihre Schätze an Silber, Gold und edlem Gestein hatte sie milden Stiftungen vermacht. Die Grafschaft fiel an Kaiser Konrad, dessen Gemahlin Gissa auch nach Bremen kam, um die Güter in Augenschein zu nehmen. Und selbst als nach Verlauf mehrer Jahre des Herzogs Sohn, Dethmar, mit der Grafschaft belehnt wurde, sollte er sich des Genusses dieser Güter nicht lange erfreuen. Denn als der Kaiser Heinrich, in Begleitung des Erzbischofs Adalbert, nach Lesum zog, wurde er von einer Mordbande angefallen und verdankte die Erhaltung seines Lebens nur der äußersten Anstrengung des Erzbischofs und seiner Leute. Als die Sache näher untersucht wurde, sagte Dethmars eigener Knecht Arend, es sei sein Herr gewesen, der den Hinterhalt gelegt habe, und als der Graf seine Unschuld durch einen Zweikampf beweisen wollte, verlor er sein Leben.

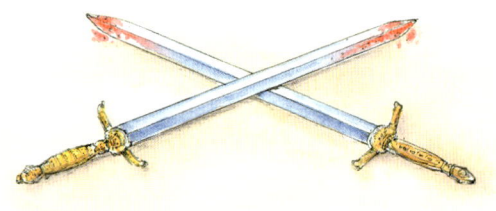

Das Butter-Entziehen

A n einem schönen Frühsommertag hatten sich einmal zwei Mägde aufgemacht, um gemeinsam in die Stadt Bremen zu gehen. Als sie bei Wacker-Alheid in Oslebshausen vorüberkamen, stand die Frau selbst unter der Haustür und butterte. »Komm«, sagte da die eine Dirne zu ihrer Begleiterin, »wir wollen die Butter mitnehmen.« Da lachte die andere und ging mit ihr vom Weg ab, bis wo die Weser tief ins Land eindringt. Denn sie dachte nichts Arges dabei, und glaubte, die andere wolle einen Scherz machen. Doch die zog ein kleines weißes Stäbchen aus der Tasche und schlug damit viermal ins Wasser, worauf vier Pfund Butter einzeln hervortauchten, welche die Magd in ihren Korb legte und mit sich nahm. Denn die Butter war sauber aufgemacht zum Verkauf und es fehlte nichts daran.

Gegen Abend, als die Mädchen zurückkehrten, blieb das eine unter irgend einem Vorwand zurück. Denn sie fürchtete sich vor den Künsten der anderen, wollte nicht weiter bei ihr bleiben und ließ sie vorausgehen. Als sie bei Wacker-Alheid kam, sah sie, dass die Frau noch immer am Butterfass stand. Da trat sie voll Mitleid zu ihr, sagte, sie solle sich weiter keine Mühe geben, da die Butter schon heraus wäre und erzählte alles, was sie wusste.

Die Frau, die so lange vergebens gebuttert hatte und nichts als Schaum und Schaum im Fasse sah, war den ganzen Tag schon verdrießlich gewesen. Nun aber fuhr sie zornig auf und machte der Magd die härtesten Vorwürfe. Denn diese war es, welche die Frau in Verdacht hatte, und nur mit großer Mühe gelang es ihr, die Alte zu besänftigen und ihr zu beweisen, dass sie ganz schuldlos sei. Sie offenbarte auch der Frau, wie ihre Begleiterin noch erzählt hatte, dass kein Zauber der Butter etwas anhaben könne, wenn man vorher unter das Fass das alte Hufeisen eines Pferdes lege.

Das feurige Rad

Es war auf dem Hof, wo einmal ein Schlachtfuhrmann wohnte, der Hochzeit machte. Im Verlauf des Abends, als die Gäste anfingen, wärmer zu werden, wandte sich das Gespräch bald hierhin, bald dorthin, und man kam auch auf die Zukunft der Neuvermählten zu sprechen. Da lässt es sich denn leicht denken, dass die Mehrzahl der Anwesenden dem jungen Paar ein gutes Auskommen, wohlgeratene Kinder und alles Wünschenswerte prophezeihten.

Aber es waren einige alte Weiber in der Gesellschaft, die es entweder dem wohlhabenden jungen Mann nicht vergessen konnten, dass er nicht ihre Tochter zu seiner Hausfrau erkoren hatte, oder die irgend einen anderen Beweggrund zum Hass oder Neid haben mochten. Vielleicht wollten sie auch bloß klüger scheinen als die Übrigen.

Jedenfalls schüttelten sie nur den Kopf und wollten doch nicht mit der Sprache heraus. Erst als man endlich stärker in sie drang, sich näher zu erklären, da hatte die eine wunderliche Träume gehabt und die andere Vorbedeutungen gesehen, die sie auch nicht zum Besten auslegen konnte.

Da wurde die Braut ganz wehmütig und wollte nicht hören auf die Trostreden des Bräutigams und der anderen Verwandtschaft. Denn es war nur zu sehr die Klugheit der alten Weiber bekannt, die schon viele andere Dinge vorhergesagt hatten, die dann auch so eingetroffen waren. Und die Seele der jungen Frau wurde von den Schreckensbildern der trostlosesten Zukunft erfüllt.

In dieser Stimmung begleitete sie auch die Verwandten, die sich nun zeitig verabschiedeten, mit ihrem Mann bis an die Haustür und konnte sich nicht enthalten, bitterlich zu weinen.

Aber ihr Kummer wurde noch zur selbigen Frist in Freude verwandelt, denn die Straße herab ertönte es plötzlich, wie das Rasseln eines Wagens, der lustig daherfährt. Die ganze Gegend war erleuchtet von einem hellen fröhlichen Schein, und als er näher kam und vorüberrollte, erkannte man deutlich, dass es ein mächtiges, feuriges Wagenrad war.

Welches Vorzeichen war wohl günstiger zu deuten? Auch traf es ein, und wendete sich alles zum Besten. Das Geschäft des Mannes hatte guten Anfang und den besten Fortgang. Sein Wohlstand gedieh vortrefflich, zahlreiche Kinder und Enkel erheiterten den Lebensabend des glücklichen Paares. Der schnöden Weissagung der alten Weiber gedachte man später nur mit heiterem Scherz.

Die sieben Faulen

ls die Steffensstadt noch nicht gebaut war, befanden sich in dortiger Gegend nur Kohlhöfe und Ackerland. Aber die Ländereien waren nur von mittelmäßigem Ertrage, denn ein großer Teil bestand aus Sandboden und die niedrig gelegenen Striche waren der Überschwemmung der Weser ausgesetzt.

Da hielt sich denn, wenn auch der Fluss schon längst in seine Ufer zurückgetreten war, das Wasser in den Niederungen bis tief in den Sommer hinein und giftige Dünste, ausgebrütet von den heißen Sonnenstrahlen, verpesteten die Luft.

Darum wurde die ganze Umgegend auch sehr wenig bewohnt und nur die ärmeren Bürger, welche hier ein Stück Land besaßen und für die eine Wohnung in der eigentlichen Stadt zu teuer war, hatten sich hier angesiedelt.

Vor vielen, vielen Jahren nun wohnte daselbst ein Mann, der nach der Größe seines Grundbesitzes zu rechnen, sehr reich hätte sein müssen, der aber dennoch der ärmste war unter allen seinen Nachbarn. Denn seine Kohlstücke waren die dürrsten und sandigsten und sein Grasland fast das ganze Jahr hindurch ein beständiger Sumpf, so dass er nur in sehr trockenen Jahren auf eine kleine Heuernte rechnen durfte. Deswegen hielt er auch keine Kuh, sondern begnügte sich mit einer Ziege, obgleich die Milch derselben für seinen Hausstand bei Weitem nicht ausreichte.

Natürlich hatte er auch kein Gesinde, trotzdem war aber sein Hausstand nichts desto weniger bedeutend zu nennen. Denn er hatte sieben Söhne, einer noch größer und stärker als der andere. Sie schlenderten den ganzen Tag umher, schauten ins Wasser und sahen nach Wind und Wetter. Wenn sie mittags nach Hause kamen, hatten sie Hunger, wie die Wölfe. Denn nichts in der Welt schärft so sehr die Esslust als der Aufenthalt in freier Luft und am fließenden Wasser.

Da saßen sie denn um den großen Eichentisch herum, die sieben Riesen, und es war eine Pracht, zu schauen, wie es ihnen schmeckte. Nach dem Essen gingen sie ein Stündchen auf den Heuboden, legten sich der Reihe nach hin zum Schlafen und schnarchten, dass die Wände dröhnten. Wenn sie sich gehörig wieder gestärkt fühlten, dann reckten und streckten sie sich und gingen wieder langsam zum Ufer zurück, um den Fischern zuzusehen, wie sie Lachs und Stör fingen, und wie die Schiffe lustig stromauf und stromab segelten.

So wie die Sonne zur Ruhe gehen wollte, schickten auch sie sich an zur Heimkehr und zum Schlafengehen. Vorher aber nahmen sie erst eine tüchtige Abendmahlzeit zu sich. Hatten sie sich aber einmal zur Ruhe gelegt, dann schliefen sie auch wie die Bäume, fest und unerwecklich, bis die Sonne wieder hoch am Himmel stand und die kleine Schar zum Frühstück rief.

In dieser Weise trieben sie es Jahr ein, Jahr aus, einen Tag wie den anderen, in stetem Müßiggange, so dass sie in der ganzen Nachbarschaft nur unter dem Namen der sieben Faulen bekannt waren.

Das wussten sie recht gut, aber was kümmerte sie das Geschwätz der Welt. Sie hatten ein gutes Gewissen und wenn sie nach Hause kamen, war der Tisch stets gedeckt. Da waren die Reden neidischer Nachbarn leicht vergessen.

Der Vater gab ihnen wohl mitunter zu verstehen, dass er älter werde und sie ihm unter die Arme greifen sollten. Das war aber lächerlich, denn der hatte ja selbst so wenig zu schaffen, dass er meistens den ganzen lieben Tag auf der Bank vor dem Hause saß, oder mit den vorübergehenden Nachbarn über das Wetter sprach. Auch pflegte er stundenlang mit untergeschlagenen Armen in seine Wasserlachen zu schauen und Vergleiche darüber anzustellen, wie viel glücklicher Harm, Klaus und Kunz seien, dass sie gutes, trockenes Land und gesundes Heu hätten. Dann seufzte er tief, drehte sich um und ließ es beim Alten.

Die Mutter melkte die Ziege, kochte Rüben und Kohl, besorgte Feurung und Wasser und war überhaupt die einzige, welche Sorge trug fürs Hauswesen.

Dies Leben hatte lange gewährt, als die Brüder doch endlich anfingen, Langeweile zu empfinden, dass sie so gar ohne Beschäftigung waren. Auch sahen sie, wie ihre Altersgenossen bei anderen Leuten in Diensten standen, sich etwas verdienten und emporkamen.

Da sprach der Älteste zu den Übrigen: »Ihr wisst, dass mir, als dem Erstgeborenen von Rechtswegen der väterliche Hof gebührt; allein ich verzichte auf mein Vorrecht zu Gunsten unseres jüngsten Bruders. Ich will in Dienst gehen bei fremden Leuten und hoffe, mir in Kurzem so viel zu erwerben, dass ich mir selbst einen Hof kaufen kann.«

Die Rede fand allgemeinen Beifall. Sie beschlossen alle, desgleichen zu tun und das Haus zu verlassen. Selbst der Jüngste wollte nicht daheim bleiben, denn es schien ihm etwas Großes, Knecht zu sein und Geld zu verdienen.

Sie gingen also von Haus zu Haus, ihre Dienste anzubieten, ein riesig Volk, mit breiten Schultern und straffen Sehnen und Schenkeln. Aber es erging ihnen nicht nach Wunsch, denn wo sie hinkamen, da fingen die Leute an zu lachen, und einer sprach höhnisch zum anderen: »Da sind die sieben Faulen, um Arbeit zu suchen. Ihres Vaters Hof nährt sie nicht mehr. So wollen sie sich bei uns in die Kost legen. Aber sie haben keine Lust zur Arbeit und hier kann nur ein fleißiger Knecht Aufnahme finden. Weg mit den sieben Faulen!«

So gingen sie von Haus zu Haus. Erst bei ihren Nachbarn in der Vorstadt, dann in der Stadt selbst, straßauf, straßab; aber da war niemand, der sie in Dienst nehmen wollte, und auch, wer sie nicht kannte von früheren Zeiten her, nahm sich vor ihnen in Acht. Denn das böse Gerücht war ihnen vorausgegangen.

So kamen sie den Abend heim, müde, verdrießlich und hungrig. Die Mutter trug ihnen ihr Abendbrot auf, aber zum ersten Mal in ihrem Leben wollte es ihnen nicht schmecken. Auch legten sie sich nicht sogleich nach dem Essen aufs Lager, wie es sonst ihre Gewohnheit war, sondern sie saßen schweigsam auf der Bank, mit gesenktem Haupte, die Arme über der Brust gekreuzt und die Beine bis in die Mitte der Stube von sich gestreckt.

Der Vater empfand Mitleid mit der Lage der Knaben, die gern vorwärts wollten in der Welt und denen man keine Gelegenheit geben wollte, ihre Kräfte und Geschicklichkeit zu zeigen. Er suchte sie zu trösten und versprach, ihnen Arbeit genug zu geben. Er wollte sich, wie er sagte, in Zukunft um nichts mehr kümmern und ihnen die ganze Besorgung der Wirtschaft allein überlassen.

Die Übrigen mochten nichts erwidern. Sie schauten auf den Ältesten, was der sagen würde. Der drehte sich herum zu dem Alten, er konnte sich nicht länger halten. »Hättest du«, sagte er zornig »Beschäftigung für uns gehabt, so wären wir nicht ohne unsere Schuld in den Verdacht der

Trägheit geraten und könnten jetzt unser Glück machen als Knechte. Das bisschen Erbsen und Bohnen kannst du mit Gemach allein pflanzen, und das Heu aus dem Matsch zu fischen, ist ebenfalls nicht beschwerlich. Ein alter Mann wie du kann gestrost die ganze Wirtschaft allein besorgen. Wir aber wollen arbeiten, und da wir in der Heimat allenthalben zurückgewiesen sind, so gehen wir morgen in die weite Welt.«

Es war vergebens, dass der Vater sie von ihrem Vorhaben abbringen wollte. Es war vergebens, dass sich die alte Mutter die Augen aus dem Kopf weinen wollte. Als der Tag graute, nahmen sie Abschied und gingen ihres Wegs, der aufgehenden Sonne entgegen, ohne sich nach den armen

Eltern umzusehen, die jammernd in der Haustür standen und ihnen nachschauten.

Als sie ihnen aus den Augen entschwunden waren, gingen die beiden Alten ins Haus zurück, um sich recht auszuweinen, dass sie nun so gänzlich verlassen seien. Ihr einziger Trost war, dass der Hunger die Knaben bald zurückführen würde, und deshalb schauten sie fleißig in die Richtung, in welche jene verschwunden waren. Aber wie sie auch spähen mochten, von den Söhnen war nichts zu hören und zu sehen. So ging es einen Tag wie den anderen. Die Eltern erwarteten vergeblich die Rückkehr der Kinder, und als die Sache von einem Vollmond bis zum anderen sich nicht änderte, verzweifelten die Eltern gänzlich, ihre Söhne jemals wieder zu erblicken. Sie klagten, dass sie ihre alten Tage in vollständiger Verlassenheit zubringen sollten.

Jahr und Tag war verlaufen und man hatte die Fortgewanderten beinahe vergessen. Da hörte man plötzlich ein Geschrei: »Da kommen sie wieder zurück, die sieben Faulen«, und alles stürzte an die Türen, um die Ankömmlinge in Augenschein zu nehmen. Sie trugen Schaufeln und allerlei Gerät, schauten weder rechts noch links und gingen trotzig ihres Weges, ohne jemand zu grüßen.

Der Eltern Freude über die Heimkehr der Söhne lässt sich nicht beschreiben. Sie waren in fernen Landen gewesen und hatten dort gelernt, dass man es gar nicht nötig hatte, in die weite Welt zu gehen, wenn man wirklich Lust hat zur Arbeit. Was sie aber diesen Abend mit den Eltern redeten und welche Entwürfe sie dem ungläubigen Vater vorlegten, das wurde keiner von den neugierigen Nachbarn gewahr. Denn ins Haus wagte sich niemand hinein, und von den sieben Brüdern kam nicht ein einziger vor die Tür.

Am nächsten Tag sah man aber ein seltsames Schauspiel. Da zogen die sieben Faulen mit Spaten und Schaufeln auf die Wiese des Vaters und machten einen tiefen Graben, worin das Wasser aus den Sümpfen zur Weser geführt wurde. In kurzer Zeit war das ganze Grundstück entwässert. Darauf errichteten sie zum Ufer hin einen hohen Damm zwischen den beiden Sandhügeln, die das väterliche Erbe zu jeder Seite begrenzten.

Dadurch wurden die Ländereien gegen künftige Überschwemmungen geschützt. In der ersten Zeit hatten die Nachbarn geglaubt, die sieben Brüder hätten sich wirklich gebessert und wären die fleißigsten Menschen der Welt geworden. Denn von morgens bis zum Abend sahen sie dieselben im Graben stehen und vom Hahnenschrei bis in die sinkende Nacht Erde hinführen zum Damm. Als aber das trockengelegte, schlammgedüngte Land im Verlauf des Sommers das schönste Gras und duftigsten Klee trug, so dick und hoch, wie man in der ganzen Umgegend noch nie erlebt hatte, und nun die sieben Brüder hinauszogen, zu mähen anfingen und ohne Mühe den reichen Segen hereinbrachten in die neue Scheune, die sie in der Zwischenzeit erbaut hatten, da kam ihre Tücke und Arglist an den Tag. »Der alte Vater«, sagten die Nachbarn, »war ein fleißiger Mann und scheute keine Mühe all sein Lebenlang. Der stieg getrost ins Wasser bis ans Knie und schnitt sich kümmerlich sein Gras, wenn ihm etwas gewachsen war. Die Söhne haben sich das Ding bequemer gemacht. Sie haben einfach keine Lust zur Arbeit.«

Jetzt kam der Herbst und die sieben Faulen trugen Steine herbei und Holz und bauten ein großes Haus neben der Wohnung des Vaters. So schnell ging der Bau vonstatten, dass man hätte meinen sollen, das

Haus wachse aus der Erde hervor, und ein Fremder hätte die Brüder für fleißige Arbeiter gehalten, so emsig waren sie daran, Kalk zu bereiten, Holz herbeizuschaffen und die Steine zu vermauern. Wer sie aber näher kannte, der wusste, was er von ihrem Fleiß zu halten hatte. Auch wurde es bald ruchbar, dass der Älteste sich eine Braut ausgesucht hatte, und als gegen Ende des Herbstes die Hochzeit war und der junge Mann mit seiner Frau das neue Haus bezog, da sagten die Nachbarn wieder: Dieses Volk ist zu bequem. Sie befürchten, dass ihnen das alte Haus zu klein werde und sind zu faul, um sich einzuschränken und mit Wenigem zu behelfen.

Als das Frühjahr kam, bestellten die Brüder das Land, und da sie bis zur Heuernte mancherlei Muße hatten, so bauten sie noch fünf Häuser in einer Reihe neben des Vaters Haus. Das eine war noch bunter angestrichen als das andere und sie schimmerten in allen Farben des Regenbogens. Da vermuteten die Nachbarn schon vorher, was nun erfolgen würde, und als die Heuernte vorüber war, da feierten die fünf folgenden Söhne ihre Hochzeit mit Jubel und Musik, und ein jeder bezog mit seiner jungen Frau eins von den neuen Häusern. Zum großen Ärgernis der frommen Nachbarn, welche in Genügsamkeit und Gottesfurcht mit ihren Schwiegersöhnen unter einem und demselben Dache hausten. Nur der jüngste Sohn blieb im elterlichen Hause zurück, da ihm der älteste Bruder sein Anrecht auf dasselbe abgetreten hatte und er zum Heiraten noch zu jung war.

So standen also die sieben Häuser in angemessenem Abstand in einer langen Reihe, von hinten und zu beiden Seiten von Obst- und Gemüsegärten umgeben, die sie durch dichte Dornenhecken gegen das eindringende Wild zu schützen suchten. Denn sie waren zu träge, um, wie die Nachbarn in den kalten Winternächten die Hasen aus ihrem Kohl zu verscheuchen, und schliefen lieber.

Darauf baute sich ein jeder seinem Hause gegenüber Stallungen und Scheunen. Denn sie hatten jetzt reichliches Futter für ihre Kühe und ihr Viehstand gedieh vortrefflich. Auf diese Weise entstand eine lange und breite Straße, welche sie zu beiden Seiten mit Lindenbäumen bepflanzten und in der Mitte mit einem tüchtigen Steinpflaster versahen. Und wenn etwa ein Vorübergehender fragte, wie die schönbelaubte Straße heiße und wer darin wohne, was konnten die Nachbarn, wollten sie der Wahrheit getreu bleiben, anders antworten, als dass die Bewohner der Straße die sieben Faulen seien, welche nicht die Lust hätten, nach dem Oslebshauser Holze zu gehen, um die frische Waldluft zu genießen, wie es hier seit undenklichen Zeiten der Brauch gewesen ist, und sich deshalb

Laubengänge vor ihren eigenen Türen angelegt hätten. Auch seien sie zu faul, das bei Regenwetter und schlechten Wegen beschmutzte Schuhwerk wieder zu reinigen. Sie hätten deshalb lieber den kostbaren Steinweg angelegt, den sie auch bei der schlechtesten Witterung rein und sauber hielten, als nach Landessitte auf kotigen Wegen gehen zu wollen. Denn sie scheuten auch die kleinste Mühe und seien zu jeder Arbeit verdorben. Endlich kam die Zeit, dass auch der jüngste Bruder ein Weib nahm. Mit Freuden trat ihm der Vater das Hausregiment ab und die Hochzeit wurde ebenfalls mit großer Pracht gefeiert.

Viele Jahre lebten die Brüder also in größter Eintracht und merkwürdig war es, dass ihr Wohlstand von Tag zu Tag wuchs, während sie nur halb so geschäftig waren, wie die Nachbarsleute. Sie gingen nicht ins Oslebshauser Holz, sie saßen des Nachts nicht im Kohl, um die Hasen zu vertreiben. Wo es aber galt, etwas zu Wege zu bringen, wodurch sie sich in der Faulheit stärken konnten, bemühten sie sich darüber Tag und Nacht mit großer Anstrengung.

Wie sie denn noch in ihren alten Tagen mitten auf ihrer Straße anfingen, zu graben und zu wühlen, dass die Nachbarn neugierig über die Zäune schauten und sich die Köpfe zerbrachen über das neue Beginnen. Mit der Zeit aber erhob sich daselbst ein schöner Brunnen und das Rätsel war gelöst. Das war das letzte von ihren Stücken, aber auch darin verleugnete sich nicht ihr angeborener Hang zur Trägheit. Lange schon ruhten die Eltern der sieben Faulen im Grabe. Aber es gab noch viele unter den Nachbarn, die den rechtschaffenen Vater gekannt hatten. Wie viel tausend Mal hatte der nicht in seinem Leben einen Eimer Wasser aus der Weser geholt. Und nun waren die Söhne und ihre Weiber zu stolz und zu träge, das Wasser vom Fluss heraufzuschleppen. Deshalb also war es, dass der Brunnen gegraben wurde. Das war ihr letzter Streich, aber er sah ihnen ganz ähnlich.

Fragt aber jetzt einer nach der Straße, wo die sieben Tagediebe gewohnt haben, der komme zu uns in die Faulenstraße.

Die wilde Jagd

ine Frau aus dem Stephaniviertel war zu zwei Uhr Morgens in ein Bürgerhaus in der Altstadt bestellt, wo sie waschen sollte. Weil es aber noch stockfinstere Nacht und der Weg in die obere Altstadt weit war, ließ sie sich von ihrem Mann begleiten. Unterwegs hörten sie die Stephansglocke hinter sich anfangen zu schlagen, in fester Erwartung, dass es wohl zwei Uhr sei. Aber wie groß war ihr Erstaunen, als es nicht aufhören wollte zu schlagen bis der zwölfte Klang ertönte.

Jetzt sahen beide wohl, dass sie sich in der Zeit vertan hatten, und machten umgehend kehrt, um nach Hause zurückzugehen. Aber es war zu spät! Mit Saus und Braus kam es die Straße herauf. Eine mit Hunden bespannte Glaskutsche hielt, und ehe unser Mann noch zur Besinnung kommen konnte, wurde ihm das Halfter übergeworfen. Schon war er mit eingespannt und von Neuem ging es straßauf straßab, ohne Ruh', ohne Rast, bis es eins schlug. Da war mit einem Mal alles verschwunden, die Hunde, die Kutsche und die Damen darin. Nur der Mann stand noch allein und hatte keinen trockenen Faden mehr an seinem ganzen Leibe. Schaudernd lief er nach Hause und berichtete seiner Frau, was ihm widerfahren war. Darauf legte er sich ins Bett und lebte nur noch vier Wochen. Doch war er vor seinem Tode nicht zu bewegen, die Damen in der Glaskutsche zu nennen, obgleich er sie recht wohl erkannt hatte.

Die Saake

Die Bremer Saake ist keineswegs, wie man dem Sprachgebrauch gemäß voraussetzen sollte, irgendein menschliches Wesen, das sich den bösen Künsten und der Zauberei ergeben hätte. Vielmehr ist es ein grauenhafter Spuk, ein mitternächtlicher Unhold, verkörpert zwar, aber dennoch unförmlich und gestaltlos, in der Größe zwischen Kalb und Hund. Es ist ein tückisches Scheusal, das träge in irgendeiner dunklen Ecke hingestreckt liegt oder hinter dem Vorsprung eines Hauses lauert. So lange, bis jemand arglos die Straße herunterkommt, dem es sich mit Blitzesschnelle auf den Rücken schwingt, um sich von demselben tragen zu lassen, bis der Unglückliche zu ersticken droht oder bewusstlos niedersinkt.

Es hat aber die Saake größere Gewalt über böse, frevelhafte Menschen als über gerechte. Deshalb ist auch jedem frommen Mann geraten, der in ruchloser Gesellschaft bei Bier und Wein sitzt bis in die späte Nacht, sich nicht hinreißen zu lassen durch die gottlosen Reden der anderen. Sondern er sollte seine Zunge im Zaum halten, dass er nicht falle in die Schlingen des Bösen. Denn man kann der Saake nicht ausweichen, weil sie unsichtbar ist, außer dass ihr Augenpaar in der Dunkelheit schimmert wie glühende Kohlen. Wer ihr aber einmal in die Augen geschaut hat, dem ist es nicht mehr möglich zu entrinnen. Seine Füße stehen festgewurzelt am Boden und er kann sich nicht eher von der Stelle bewegen, als bis er fühlt, dass der Spuk sich um seine Schultern und Hüften gelegt hat, wie ein schwerer Kornsack. Dann mag er fortarbeiten mit seiner Last in Schweiß und Todesangst.

Und so ist es nichts Seltenes gewesen und hat manchen rechtschaffenen Bürger betroffen, wenn er vom Schütting, wo in früheren Zeiten eine Weinschenke war, vom Fulbras auf der Wachtstraße oder aus dem Ratskeller kam. War er eben noch lustig und guter Dinge gewesen, ohne die mindeste Ahnung des Unheils, das ihn erwartete, und hatte in aller Zucht und Ehrbarkeit ein Glas nach dem anderen zu Leibe gesetzt, so spürte er an der ersten besten Kreuzung, wie es ihn mit Zentnerschwere überkam und in die Beine schoss, dass er sich kaum noch aufrecht auf seinen Füßen zu halten vermochte. Und die Häuser und Straßen fingen an zu tanzen und zu springen und sausten

zuletzt wie toll und töricht um ihn herum im Kreise, so dass er die Richtung verlor, nicht wusste, woher noch wohin. Auf's Geratewohl schob es ihn fort, bis der Schweiß von Stirn und Wange lief. Dabei lagen ihm allerlei Steine im Weg, große wie kleine, und er musste die Füße hoch in die Höhe heben, wenn er hinüberschreiten wollte. Und es kamen ihm wiederum alle Augenblicke Steine und Spitzen in die Quere, die er nicht sah, so dass er darüber stolpern musste, bis er endlich erschöpft und von der schweren Last, die er zu tragen hatte, überwältigt zu Boden sank. Er verlor die Besinnung, bis etwa ein vorübergehender Nachtwächter oder ein anderer guter Mann ihn wieder emporrichtete. Da erinnerte er sich denn deutlich, dass er die Saake habe tragen müssen, und erkannte mit Erstaunen, dass er seit den fünf Stunden sich noch keine zwanzig Schritt vom Weinkeller entfernt hatte. Mit solchen Fährlichkeiten hatte der zu kämpfen, welcher mit der Saake zu tun hatte.

Daher ist es leicht erklärlich, wie alle Welt solch eine Angst und Scheu vor dem Ungetüm hatte, dass es gemieden wurde wie die Pest und der Tod. Man konnte es einem lustigen frischen Gesellen nicht verargen, wenn er durch ein wirkliches oder eingebildetes Zusammentreffen mit der Saake geängstigt, Buße und Besserung gelobte. Selbst in dem Fall, dass er die Entdeckung machte, diesmal wenigstens sei alles eitel Trug und Täuschung gewesen.

Dass dies aber häufig der Fall gewesen und teils der Zufall, teils der Übermut der Zechgenossen dem nächtlicher Weile Heimkehrenden mitunter arg mögen mitgespielt haben, besonders in jener Zeit, wo die Menschen anfingen, sich für klüger und aufgeklärter zu halten, als alle ihre Vorfahren, und jeglichen nächtlichen Spuk verlachten, ja gänzlich leugneten, davon mögen ein Paar Beispiele das Weitere besagen.

In der Knochenhauerstraße wohnte ein Schneidermeister. Der war im Grunde seines Herzens ein braver Mann, dem Glauben der Altväter treu ergeben, dabei eher weichen Gemüts und verzagt als mutig. Das alles waren Eigenschaften, deren er sich in der guten alten Zeit sicherlich nicht würde geschämt haben. Aber jene guten alten Tage fingen bereits an, dem Zeitalter der Aufklärung Platz zu machen, die des frommen, demütigen Kinderglaubens spottet, und deshalb hielt es auch unser Mann für geratener, denselben äußerlich zu verleugnen, als sich in seiner wahren ehrlichen Gestalt zu zeigen. Daher tat er hoffärtig und verwegen, und wenn er des Abends auf dem Amtshause saß, so ergoss er sich in abscheuliche Reden, dass es ihm einerlei sei, Himmel oder Hölle; dass er nicht Tod noch Teufel fürchte, und dass er nichts sehnlicher wünsche, als den Letzteren einmal zu treffen, wo er ihn haben möchte.

Darob entsetzte sich, wer feigen Herzens war, trank in der Stille sein Glas aus und entfernte sich, ohne ein Wort zu sagen.

So kam es, dass man nur von unserem Meister redete, und die wirklich herzhaft waren, wurden darüber rein vergessen. Dies aber waren die einzigen, die das Wesen des Meisters mit Unbefangenheit beurteilten, ihn ganz und gar durchschauten und recht gut einsahen, dass er nur tapfer sei mit dem Maule, im Grunde aber nichts anders war, als ein feiger Wicht. Daher verdross sie die Zurücksetzung, welche sie erfahren mussten, ausnehmend, und sie beschlossen, sich zu rächen und dem Manne die Großsprecherei und den Hochmutsteufel kurz und gut auszutreiben.

Wenn er aber die Prüfung mutig bestehen würde, wollten sie ihn für ihren Herrn und Meister und für einen ritterlichen Helden anerkennen. Denn es war nichts Leichtes, was sie ihm zugedacht hatten: Er sollte mit der Saake zu tun haben. Da dies aber doch für zu erschrecklich gehalten wurde, wenn es jemand unvorbereitet überkäme, so beschloss man mitleidigerweise, ihn vorher zu warnen.

Eines Abends also saß er wieder auf dem Amtshause und redete, seiner Gewohnheit nach, viel zu viel. Und wer etwas auf sich hielt, war schon fort, um nicht zu sitzen auf der Bank, auf der die Spötter sitzen. Außer ihm saßen nur noch drei Männer am Tisch. Das waren die Schälke, die sich verabredet hatten. Da schaute der eine umher, gleichsam um sich zu überzeugen, ob sie auch ganz allein wären. »Endlich hat sich das Volk verlaufen«, hub er an, als hätte er mit Schmerzen auf diesen Zeitpunkt gewartet, um vertraulich zu werden. »Jetzt sind wir also ganz unter uns, mutige Seelen und tapfermütiges Volk. Freunde, was haltet ihr von der Saake?«

Dieser Name, zur mitternächtlichen Stunde ausgesprochen, schien einen höchst ängstlichen Eindruck auf die Gesellschaft zu machen. Auch der Sprecher selbst schauderte zusammen, sowie das Wort ihm von der Zunge war und er schien in demselben Augenblick seine Leichtfertigkeit zu bereuen.

»Meine Großmutter«, hub der andere an, »Gott habe sie selig, hat mir sonderbare Dinge davon erzählt, die sich wohl nicht dazu eignen möchten, zu dieser Stunde wiederholt zu werden, zumal wir noch alle Vier diese Nacht über die Straße müssen und niemand wissen kann, was ihm begegnen mag. Ich für meinen Teil mache den Vorschlag, nicht weiter davon zu reden, denn es heißt, du sollst den Teufel nicht an die Wand malen.«

»Vor menschlicher Kraft«, fragte der Dritte beistimmend, »fürchte ich mich nicht, selbst nicht vor der Übermacht. Und es ist mir wohl schon gelungen, drei Gegner auf einmal zu überwältigen, in diesem Fall aber möchte wohl ein inbrünstiges Gebet die beste Waffe sein.«

Alle drei schauten erwartungsvoll auf unseren Meister, um in dieser wichtigen Angelegenheit seine Meinung zu hören. Der aber lächelte, indem er höhnisch die Unterlippe emporschob und kopfschüttelnd von einem zum anderen sah, als hätte er sich in ihnen geirrt. Erst als alle näher zu ihm heranrückten und ungeduldig wurden, als wenn er sich beeilen sollte, den Ausschlag zu geben, nahm er das Wort.

»Es dauert mich«, hub er voll Mitleid an, »dass ich von Männern, die ich für frische Leute gehalten habe, geringer denken muss. Wer kann mir's aber verargen? Da fürchtet sich der eine, weil seine Großmutter auch ängstlich gewesen ist, und der andere will gar die Hände falten, um sich zu verteidigen! Wofür tragt ihr Memmen denn einen Degen an eurer Hüfte?«, fuhr er in strafendem Ton fort, indem er sich von der Bank erhob, eine drohende Stellung einnahm und funkelnden Blickes im Kreise herumschaute. »Weshalb tragt ihr eure Wehr? – Hunde und Katzen mögt ihr euch damit vom Leibe halten, so euch aber ein würdiger Feind entgegentritt, überkommt euch Furcht und Zittern, und ihr sucht das Weite, wenn ihr könnt.«

Er ging mit würdevollen Schritten die Stube auf und ab und sprach unverständliche Reden schnell vor sich hin, wie einer, dessen Inneres von gewaltigen Stürmen bewegt ist. Endlich schien er ruhiger zu werden. Er betrachtete die anderen, welche in großer Niedergeschlagenheit um den Tisch saßen, mit milderem Blick, und es tat ihm offenbar leid, dass er sie so heftig angefahren hatte. Um sie also in ihrem Elend zu trösten und sie wieder aufzurichten, trat er hinzu, legte dem Nächstsitzenden zutraulich die Hand auf die Schulter und sagte mit belehrender Stimme: »Lasst euch meine Worte nicht so nahe zu Herzen gehen, dass ihr darüber allen Mut verliert. Ich wollte nur euer Bestes, als ich euch Vorwürfe machte. Denn wo Besserung bewirkt werden soll, darf die Strafe nicht fehlen. Aber fasst Mut! Ich halte euch alle drei für Männer, in denen ein gesunder Kern ist, der nur der rechten Pflege und Leitung bedarf, dass ein fester Stamm daraus emporwachse. Das andere Volk kümmert mich wenig. So ich aber bei einem von euch noch die geringste Zaghaftigkeit entdecke, werde ich mit Ernst und Fleiß dahin arbeiten, dieselbe bis auf den letzten Funken zu ersticken, dass ihr endlich erfunden werden möget als Männer ohne Furcht und Tadel.«

Beschämt und doch ermutigt durch die väterlichen Worte verabschiedeten sich jetzt die drei. Unser Mann trank noch zuvor ein Glas Wein. Denn er hatte sich fast heiser gesprochen, wie er gegen den Wirt äußerte, der in einem Winkel mit Staunen diesen hohen Reden zugehört hatte.

»Vor der Welt gilt gar Mancher für einen Mann«, sagte er beim Fortgehen zu dem Wirt, der mit Staunen und Ehrfurcht den hohen Wuchs und die edle

Gestalt des mannhaften Helden betrachtete. »Aber der rechte Held muss sich bewähren in der Gefahr, wie im Feuer das Gold.«

Am nächsten Tag scharten sich in der Schenke alle um unseren Mann und er musste mehr als einmal sein Abenteuer der Nacht wiederholen.

Jetzt traten auch zwei von denen herein, denen er am Abend zuvor wegen ihrer Feigheit Vorwürfe gemacht hatte. Diese Männer schien er längst erwartet zu haben, denn sobald sie ins Zimmer traten und er ihrer ansichtig wurde, winkte er sie zu sich heran und deutete auf den leeren Platz zu seiner Rechten, worauf alles Volk scheu zur Seite wich und ihnen ehrerbietig Platz machte.

Die beiden sahen einander verwundert an und setzten sich zu ihm.

»Wäret ihr gestern Abend mit mir fortgegangen, so hättet ihr an meinem Beispiel lernen können, wie sich ein unverzagtes Gemüt zu verhalten hat in der Stunde der Gefahr. Aber vielleicht ist es besser, dass alles so gekommen ist. Denn wäret ihr dabei gewesen, so würdet ihr, großmäulig wie ihr seid, behauptet haben, ihr hättet das Beste getan bei der Sache, um meinen Ruhm zu schmälern.«

»Ihr habt die Saake gesehen?«, fielen die beiden mit einem erheuchelten Staunen ein und es lag etwas Unglauben im Ton ihrer Stimmen.

»Als ich in die Knochenhauerstraße einbog, trat mir ein Männchen in den Weg, ein Zwerg. Ich versichere euch, der Knirps war nicht höher als der Tisch. Er sprach mich mit verstellter Stimme an und bat mich um meinen Degen. Nun hätte ich diesen wohl an einen Bekannten gegeben, wenn er mich darum ersucht hätte, denn ich war nicht mehr fern von meiner Wohnung. Dem Unbekannten aber schlug ich es rund ab mit zwei Worten. Denn der Degen ist nicht allein des Mannes Schutz, sondern auch seine Zier. So wollte ich also ruhig meines Weges weiter gehen, als sich mit einem Male der Zwerg vergrößerte und die Gestalt eines abscheulichen heidnischen Riesen annahm. Summa, er kam mir vor, wie der leibhaftige Roland. Es war aber nicht Roland, sondern der leibhaftige Satan selbst, der meinen Mut erproben wollte. Ich aber ging beherzt auf ihn los. Schlag auf Schlag, Stich um Stich. Jetzt fing mein Gegner mit einem Mal an zu wanken und stieß ein entsetzliches Geheul aus. Denn obwohl er meine Hiebe mit seinem Schild

sehr gewandt aufzufangen wusste, war es mir doch gelungen, ihm das rechte Bein abzuhacken. Rasch stach ich ihm in das linke Bein, aber der gräuliche Riese, von Schmerz gefoltert, entwich von dannen durch die Lüfte. Er versuchte noch, seine Krallen auszustrecken, um mir den Kopf abzureißen, fasste aber bloß meine Perücke und so entschwand er meinen Augen – die Perücke in seiner Faust und meinen Degen tief in seinem Schenkel.«

Der eine jener beiden erhob sich jetzt, um hinauszugehen, kehrte aber augenblicklich zurück und rief, der Riese stehe mit Degen und Perücke draußen. Da wurde ein jeder still und alles schaute ängstlich nach der Tür, bis der kleine Peter hereintrat, von dem Kleeblatt der Dritte, des Meisters Hauptschmuck in der Linken und den Degen in der Rechten.

Einen Augenblick war alles ruhig, als aber der kleine Bursche erklärte, dass er die Sachen einem feigherzigen Schafskopf in dieser Nacht abgenommen hätte, da brachen alle in ein schallendes Gelächter aus.

Der Schneider war durch die List seiner Zechgenossen ein anderer Mensch geworden.

Mitunter übernahm es also der Zufall, die Rolle der Saake zu spielen.

Ein Bewohner der Großenstraße verbrachte seit einer Reihe von Jahren seine Abende in einem Weinkeller auf der Schlachte. Stets war er bemüht, das Gespräch auf religiöse Angelegenheiten und Glaubenssachen hinzuleiten, weil er sich dann am Besten als starker Geist zeigen konnte. Am Liebsten ließ er seinen Spott an den biblischen Erzählungen aus. Über die Empfängnis der Jungfrau Maria wusste er die sonderbarsten Glossen zu machen und er meinte, er wolle lieber gar nicht in den Himmel, als auf die Weise, wie der Prophet Elias hinaufgefahren sei, nämlich in einem feurigen Wagen. Denn was nütze ihm die ewige Seligkeit, wenn er sie mit verbranntem Sitzfleisch genießen solle. Von anderen Sachen sprach er noch verächtlicher und von der Saake redete er mit der größten Geringschätzung.

Eines Abends saß er blass und verstört in seiner Ecke und es fiel einem jedem auf, dass er so still war. Zuerst wollte er nicht mit der Sprache heraus, endlich aber erklärte er, dass er jetzt die Sündhaftigkeit seines früheren Lebens einsähe und wieder zum Glauben bekehrt sei, da er jetzt wisse, dass es Dinge gebe, die der Mensch mit seinem schlichten Verstande nicht begreifen könne. Als er gestern über den Stephanskirchhof gegangen sei, habe sich plötzlich etwas auf seine Schultern gelegt, und als er sich erschrocken umdrehte, habe er deutlich die Saake gesehen, mit feurigen Augen, langem Bart und großen Hörnern. Nur ein inbrünstiges Gebet habe ihn aus ihren Klauen gerettet. Doch habe dieselbe noch so viel Gewalt über ihn gehabt, dass sie ihm einige Stöße mit ihren Hörnern in den Rücken versetzt habe, worauf sie sich aber von dannen machte.

Als er zu Ende gesprochen hatte, verwunderte er sich nicht wenig, dass alle Anwesenden in ein lautes Lachen ausbrachen. Denn der Lohgerber hinterm Kirchhof hatte kurz vor dem Eintreten des Erzählers die Gesellschaft mit den Späßen unterhalten, die sein Ziegenbock am Abend vorher getrieben hatte. Er war aus seinem Stall ausgebrochen und hatte alle Leute auf dem Kirchhof und in der Nachbarschaft in der Dunkelheit erschreckt. Der Großsprecher aber war von dieser Zeit an geheilt.

Das Mäusemädchen

in Schiffer von der Unterweser, der mit seinem Fahrzeug in Vegesack lag, machte sich eines Morgens in aller Frühe auf, um sich zu Fuß in die Stadt zu begeben, wohin ihn seine Geschäfte riefen. Etwa auf halbem Wege wurde er von einem hastigen Mädchen eingeholt, das einen großen Korb auf dem Kopf trug, in welchem es hin- und herraschelte, so dass der Schiffer vor Neugier nicht an sich halten konnte.

»Ich habe den Korb voller Mäuse«, sagte das Mädchen. »Die trage ich auf das Feld unseres Nachbarn. Sein Hund hat unsere Gänse totgebissen und er will den Schaden nicht ersetzen.«

Das leuchtete dem Schiffer ein, er konnte sich aber nicht denken, wie es ihr gelungen sei, so viele Mäuse zusammenzubringen.

»Nichts leichter als das«, lachte das Mädchen, »da ich die Tierchen selbst mache. Das habe ich von meiner Großmutter gelernt. Ich mache sie fertig bis auf die Schwänzchen, welche die Alte daran setzt, das lässt sie sich nicht nehmen.«

So außerordentlich geschickt und doch so bescheiden!, dachte der Schiffer und betrachtete seine flinke Begleiterin mit ehrfurchtsvoller Scheu. Die wird sicher noch mehr können. Aber wer möchte sich nur unterstehen, sie darum zu befragen?

Allein das Mädchen schien seine Gedanken erraten zu haben und sagte mit schelmischem Gesicht: »Ich merke, dass Ihr an solchen Stücken ein Gefallen habt, so seht denn her.«

Bei diesen Worten zog sie eine kleine abgeschälte Weidenrute aus der Tasche und bohrte dieselbe in einen alten, knorrigen Baum, der zufällig am Wege stand. Alsdann strich sie mit den Fingern daran herunter, als wenn sie melkt, und zur Verwunderung des Schiffers sprang ein starker Strahl der schönsten Milch aus dem Stäbchen. Als solches eine Weile gedauert hatte, nahm das Mädchen die Rute wieder zu sich und strich mit der Hand über die Spalte im Stamm, worauf der Milchquell sogleich versiegte.

»Ihr glaubt«, sagte das Mädchen, »das sei der Stamm eines Baumes gewesen, aber es war die Kuh unseres Nachbarn. Hätte ich das Stäbchen

noch länger stecken lassen, so wäre Blut gekommen. Jene Kuh hätte die Milch verloren und der Nachbar hätte erraten, dass ich dahinter stecke. So hab ich's noch vorläufig beim Alten gelassen.«

Jetzt lief ein Fußweg querfeldein und das Mädchen nahm mit freundlichen Grüßen ihren Abschied, um nach dem Acker des Nachbarn zu gehen und ihm die Mäuslein ins Korn zu setzen.

Der Schiffer aber ging sinnend seiner Wege und wenn später einmal in seiner Heimat von der Geschicklichkeit und Klugheit dieses oder jenes Mädchens die Rede war, so schüttelte er ungläubig den Kopf. War er doch fest überzeugt, dass nichts über die Mädchen von Bremen gehe.

Der Wechselritt

Bei einem Fuhrmann in der Neuenstraße dienten zwei Knechte, welche Bettgenossen waren. Sie hatten Knochen wie die Riesen, waren tätig und anstellig. Sie strotzten vor Kraft und Gesundheit. Als aber der Winter kam, ging mit dem, welcher vorne schlief, eine auffallende Veränderung vor. Er wurde blass und mager, klagte über Mattigkeit in allen Gliedern, wurde stumpfsinnig und träge und es geschah nicht selten, dass er bei hellichtem Tag vor Müdigkeit einschlief.

Dieser Wechsel entging dem Herrn so wenig als den übrigen Hausgenossen und das Schicksal des armen Burschen ging ihm sehr zu Herzen. Denn er hatte ihn seiner Rührigkeit und seines bescheidenen Wesens halber lieb gewonnen. Aber es war vergebens, dass er ihn aufforderte, zum Arzt zu gehen, um sich ein Heilmittel zu holen. Er behauptete steif und fest, sein Zustand sei der Art, dass ihm kein Arzt helfen könne. Das einzige Mittel, ihn dem sicheren Tod zu entreißen, sei, wenn der Herr ihm seine Entlassung gäbe, dass er ungehindert wieder in seine Heimat wandern konnte.

Fastnacht war vor der Tür, wo die Knechte der Fuhrleute mit ihren neuen Röcken haufenweise durch die Straßen ziehen und sich vor den Häusern angesehener Bürger aufstellen, um durch ihren regelmäßigen, fröhlichen Peitschenknall die Bewohner zu ergötzen und sich ein ansehnliches Trinkgeld zu verdienen. Aber auch diese Lockung war nicht stark genug für ihn. Er war nicht eher ruhig, als bis der Herr ihm seinen Abschied gegeben hatte.

Seine Hausgenossen sahen nun wohl,
dass er vom Heimweh geplagt sei und
mochten ihn nicht länger zurückhalten.
Nur sollte er solange warten, bis der Schnee sich
etwas vermindert haben würde und die Wege gangbar wären.

Diesen Vorschlag ließ er sich gern gefallen. Er blieb noch einige Tage und man sah, wie die Aussicht auf seine nahe Freiheit ihn sichtlich stärkte. Niemand hatte mehr von ihm gehalten und keinem ging die Abreise näher, als dem anderen Knecht. Dieser kannte der Welt Lauf wie kein anderer, denn er war schon Soldat gewesen, und er konnte es sich nicht einbilden, dass es das Heimweh sein sollte, das seinen Gefährten in dieser öden und unfreundlichen Winterzeit aus der Stadt trieb. Er setzte ihm also mit Bitten lange zu und ruhte nicht eher, als bis er den rechten Grund erfahren hatte.

»Ich würde lieber über die Sache schweigen«, sagte der Verabschiedete endlich, als er den dringenden Fragen seines Freundes nicht länger widerstehen konnte. »Aber der Gedanke, dass du zurückbleiben musst und dass nach meiner Abreise wahrscheinlich die Reihe an dich kommen wird. – Nun, vielleicht gelingt es dir, Vorkehrungen zu treffen, wenn du im Voraus von allem unterrichtet bist. Ich werde nämlich jede Nacht einige Stunden geritten.«

»Geritten?«, wiederholte der andere mit halb ungläubigen Lächeln.

»Und dabei so entsetzlich angetrieben«, fuhr der Erste fort, »dass ich des folgenden Tages zu Tode erschöpft bin. Ich sehe, dass du meiner Erzählung wenig Glauben schenkst, aber lass dir die Sache erklären.«

»Kaum liege ich im ersten Schlaf, so wird mir ein Halfter übergeworfen; in dem Augenblick muss ich aus dem Bett heraus und bin in ein Pferd verwandelt. Tor und Tür sind offen, ich merke, dass sich jemand leicht auf meinen Rücken schwingt. Ich spüre die Sporen in meinen Weichen und jeder Widerstand ist unmöglich. Ich muss mit Windeseile straßauf, straßab, dass die Funken aus den Steinen fahren. Nicht eher macht der Reiter Halt vor der Stalltür, als bis ich jeden Augenblick zusammenzubrechen drohe. Ist dir nun meine Mattigkeit und die Abnahme erklärlich?«

Der andere Knecht war solcher Dinge nicht gefasst und schwieg einen Augenblick. Dann aber erkundigte er sich, was danach aus dem Reiter werde.

»Wenn mir das Halfter wieder abgenommen ist«, erwiderte der erste kleinlaut, »werde ich keines Reiters gewahr. Mitunter läuft eine Katze über den Weg und ich beeile mich, vor Kälte halb erstarrt so schnell wie möglich wieder ins Bett zu kommen. Ich zittere schon, wenn ich an die nächste Nacht denke, aber ich freue mich zugleich, dass es die letzte sein wird.«

»Eine Katze hast du laufen sehen?«, fragte der andere, der unterdessen nachgedacht hatte und dem es jetzt einfiel, dass er frühmorgens im frisch gefallenen Schnee die Spuren einer Katze bemerkt hatte, die von der Stalltür über den Hof bis zur Planke des Nachbarn führten.

»Diese Nacht werde ich deinen Platz einnehmen und du schläfst hinten!«, rief er plötzlich mit entschlossener Miene. »Ich denke, dass dir der Tausch nicht missfallen wird.«

Der Kranke war von Herzen froh über diesen unerwarteten Wechsel, den er sich nie getraut hatte vorzuschlagen, und war neugierig, wie sein Gefährte sich aus der Schlinge ziehen würde. Dieser verständige Mann aber legte sich des Abends völlig angekleidet zu Bett, mit Sporen an den Füßen und ein Halfter vor sich auf der Decke, dass er es jeden Augenblick greifen konnte. Dann legte er sich zurecht und fing an, herzhaft zu schnarchen, als wenn er in tiefen Schlaf gefallen wäre.

Nicht lange danach hörte er ein leises Geräusch vor dem Bett. Fußtritte waren nicht hörbar, aber das Rasseln der Spangen an einem Pferdegeschirr kam deutlich näher. Jetzt richtete sich der Vordermann in die Höhe, setzte sich in Bereitschaft und als er das Halfter gegen sich erhoben spürte, kam er mit einem schnellen Ruck seinem Gegner zuvor und konnte jetzt ungehindert seinen Halfter an einem Pferdekopf befestigen. Obgleich es stockfinster war, so dass er nichts sehen konnte, so belehrte ihn doch ganz deutlich sein Gefühl, dass die langen Mähnen desselben vor Schrecken sich sträubten.

»Nun, Frau Nachbarin«, rief er, als er mit dem Aufzäumen fertig war, »wollen wir beiden es einmal miteinander versuchen!« Er ergriff die Peitsche, die er schon parat gelegt hatte, Tür und Tor stand offen wie gewöhnlich, und der Zurückbleibende sah mit Schrecken, wie sein verwegener Gefährte die Rollen vertauscht hatte und in wildem Galopp von dannen brauste. Nur

noch einen Augenblick hörte er das Knallen der Peitsche und die raschen Hufschläge. Dann verhallte alles in weiter Ferne.

Lange horchte der Zurückgebliebene, ob der andere nicht wieder zurückkehren würde. Es wollte ihm mitunter dünken, als höre er in der Entfernung Pferdegetrappel, aber es war nur für einen Augenblick. Er meinte, er müsse sich getäuscht haben, und endlich legte er sich ins Kissen zurück, zog sich die Decke über den Kopf, befahl Gott seine Seele, und fiel zuletzt in einen tiefen Schlaf. Als er am folgenden Morgen erwachte, freute und wunderte er sich nicht wenig, seinen Freund unversehrt neben sich im Bett zu finden.

Es dauerte lange, und er musste ihn einige Zeit rütteln und stoßen, ehe er ihn aus seinem Todesschlaf erwecken konnte. Die Anstrengung der verflossenen Nacht musste denselben offenbar sehr ermüdet haben. Endlich schlug dieser die Augen auf, aber es dauerte lange, ehe er sich besinnen und seinem neugierigen Nachbar genügenden Aufschluss über sein nächtliches Abenteuer geben konnte.

Da erzählte er denn, wie er bei genauer Erwägung aller Umstände auf den Gedanken gekommen sei, dass der nächtliche Ritt nichts mehr und nichts weniger sein konnte, als bloße Neckerei irgend eines mutwilligen Nachbarn, und dass er danach seine Maßregeln genommen habe, um diesen Quälereien durch eine Gegenlist mit einem Male ein Ende zu machen.

Zu diesem Behuf habe er getrachtet, dem unsichtbaren Gegner zuvorzukommen, und dies war ihm über Erwarten gelungen. Er habe sich dann auf den Gaul geschwungen und habe durch alle Straßen der ganzen Stadt einen Ritt veranstaltet, dass alles, Nachtwächter, Hebammen, Wäscherinnen und was sich sonst bei nächtlicher Weile draußen zu befinden pflege, ihm aus dem Wege geflohen sei, nicht anders, als wenn er der leibhafte Teufel wäre.

Endlich habe er gespürt, dass die Mähre nicht mehr könne und dass sie stürzen würde, wenn er seine Ausfahrt nicht mäßige. Da sei er von unzeitigem Mitleid ergriffen worden gegen die Kreatur und habe sich angeschickt, im Schritt zurückzureiten. Er hätte also in die Straße eingelenkt und wäre nicht fern mehr vom Hause gewesen, als er beim Nachbarn, dem Schmied, der schon immer so früh an der Arbeit zu sein pflege, Licht gesehen und den hellen Schlag der Hämmer vernommen hätte. Dann hätte ihn jedoch der Mutwillen überwältigt und er wäre vorgeritten bei dem Nachbarn. Der hätte sein Wunder gehabt, wie ihn denn der liebe Gott schon so früh herführte.

Er habe dem Schmid geantwortet, es könne ihm einerlei sein, wer ihn hergeführt habe. Sein Herr schicke ihn, um den Gaul beschlagen zu lassen.

»Da trat«, fuhr er fort, »der Nachbar herzu, schüttelte bedenklich den Kopf und beleuchtete das Pferd von oben bis unten, rief seine Gesellen herbei und alle wunderten sich über die Schönheit meines Braunen. Ich sagte ihnen, der Herr habe ihn gestern Abend erhandelt und sie sollen sich flugs an die Arbeit begeben, denn wir wollten das Pferd heute früh mit einspannen.«

»Nun ging es an ein Hämmern und Schmieden und in Kurzem waren die Eisen fertig. Ich war abgestiegen und hielt das Pferd am Zügel und es kümmerte mich nicht, dass es dampfte vom schnellen Jagen, sich bäumte, ausschlug und auf alle Weise sich loszureißen suchte. Wie es sich auch gebärdete, es wurde richtig beschlagen, ich stieg wieder hinauf und sprengte die Straße hinab bis vor den Stall. Hier stieg ich behutsam herunter, löste geschickt das Halfter, sprang behände hinein und schlug die Tür hinter mir zu, unbekümmert um die Paar Schläge, welche dagegen donnerten. Denn die falsche Kröte, des Halfters entledigt und also meiner Gewalt entnommen, suchte mich noch in der Eile zu zertrümmern und zu zermalmen.«

»Einen Augenblick danach hörte ich vor dem Stall ein klägliches Katzengeschrei und beeilte mich, wieder ins Bett zu kommen.«

Der Zurückgebliebene verwunderte sich sehr über diese Erzählung und ging den ganzen Morgen gedankenvoll herum, bis mit einem Mal die Nachricht von Haus zu Haus ging, dass man die Frau des reichen Nachbarn, die gestern Abend gesund und wohl zu Bett gegangen, diesen Morgen tot auf ihrem Lager gefunden habe und zwar unter den bedenklichsten Umständen. Sie sei beschlagen gewesen an Händen und Füßen, wie ein Pferd. Da ging ihm ein Licht auf, wer der nächtliche Reiter gewesen war, der ihn so sehr misshandelt hatte. Er freute sich, dass das Weib und mit demselben seine Plage gestorben war.

Seinem klugen Freund aber gelobte er, nie etwas von dieser Geschichte zu offenbaren. Als der Herr des folgenden Tages fragte, wann er abzureisen gedächte, sagte er, er habe sich eines anderen besonnen, und wenn der Herr ihn in seinen Diensten behalten wolle, so würde er bleiben.

Und so geschah es. Sein Freund und er waren noch manches Jahr in diesem Hause, aber keiner von beiden hat jemals das geringste über diesen sonderbaren Vorfall gesprochen.

Dreifacher Nonnenmord von einer Magd entdeckt

Im Jahr 1052 wohnte der Bürgermeister Cord von Gröpelingen in dem Eckhaus an der Obern- und Kreyenstraße. Die Gesindestube lag nach hinten hinaus an der Letzteren. Es war ein unfreundlicher Oktoberabend und der Sturm pfiff unheimlich durch die enge Gasse unter dem Fenster her. Die Mägde saßen beim hellen Schein der Lampe zusammen und spannen, als plötzlich eine von ihnen in die Höhe fuhr. Ihr war eingefallen, dass sie die kupfernen und zinnernen Geschirre, die sie des Nachmittags so blank geputzt hatte, auf dem Hofe vergessen hatte, wo sie leicht gestohlen werden konnten. Da richtete sich des Bürgermeisters alter gefälliger Diener langsam auf von der Bank, um ihr diese Arbeit abzunehmen, und holte die Kessel und Pfannen ins Haus. Er war froh, als er das Geschäft vollendet hatte, denn draußen war es sehr rau, es wehte ein starker Wind und rabenschwarze Wolken zogen rasch durch die Luft, gleich einem drohenden feindlichen Heer.

»Hier ist es besser«, hub er an, nachdem er wieder in die Stube getreten war und seinen früheren Platz auf der Bank eingenommen hatte. »Hier ist es besser als draußen und ich bedaure jeden Christenmenschen, der bei diesem Unwetter unterwegs sein muss.«

Da lachte die jüngste von den Mägden, eine flinke Bauerndirne, die erst vor Kurzem in die Stadt gekommen war. Sie meinte, wer nur nicht auf verbotenen Wegen gehe, den brauche es nicht zu kümmern, ob es

helllichter Tag sei oder dunkle Nacht; sie sei von der Geest gebürtig, wo
die Häuser in weiter Entfernung von einander lägen. Da sei es ihr mehr als
einmal passiert, dass sie sich bei ihres Vaters Schwester verspätet hatte.
Dennoch wollte sie lieber in der dicksten Finsternis nach Hause gehen, als
die ihrigen durch ihr gänzliches Ausbleiben zu beunruhigen.

»In heller, warmer Stube und unter vielen Menschen hat sich schon
mancher großer Taten gerühmt«, sagte der Diener spöttelnd. »Ich möchte
aber einmal sehen, wenn dich jemand beim Worte nähme, mein vorlautes
Jüngferlein.«

»Die Nacht«, erwiderte das Mädchen bescheiden, aber doch mit
Festigkeit, »ist keines Menschen Freund. Ich spräche die Unwahrheit,
wenn ich sagen wollte, dass mir eine solche nächtliche Wanderung
besonderes Vergnügen gewährt. Mag ich indes damit einen neuen Rock
gewinnen, so bin ich erbötig, noch diesen Abend eine ferne Botschaft
auszurichten, die wenigstens eine Stunde Zeit erfordert.«

»Gut«, sagte der Diener, der das rechte Mittel gefunden zu haben
glaubte, ihr mit einem Schlag die Sache zu verleiden. »Du erhältst von mir
morgen einen Rock, so schön er bei dem Meister Jeremias zu haben ist,
wenn du also gleich hingehst zur Gerichtsstätte bei dem Jungfrauenkloster
und mir das Barett des armen Sünders bringst, der neben dem Galgen auf
dem Rad liegt.«

Er hoffte, der Rabenstein und die Nähe des Toten sollten ihr alle Lust nehmen, und dann wollte er sich recht lustig machen über ihre Prahlerei.

Aber er hatte sich gewaltig verrechnet, denn das Mädchen erhob sich in freudiger Eile, nahm die anderen zu Zeugen der Wette und entfernte sich mit schnellen Schritten. Der Bürgermeister hörte das Knarren der Haustür und fragte seinen Diener, wer so spät das Haus noch verlassen habe.

So erzählte er denn, wessen sich die Magd unterfangen, und der Herr lächelte über das kühne Wagnis und meinte, sie werde wohl bald wieder umkehren. Denn nimmer werde sie sich getrauen, einen Ort zu betreten, vor dem auch wohl ein beherzter Mann zu dieser Stunde zurückbeben möge.

Das Mädchen aber befahl sich Gott und der Jungfrau Maria und ging getrosten Mutes die Obernstraße hinunter, wo sie bald ins freie Feld gelangte. Denn die Steffensstadt war noch nicht gebaut, und gerade auf dem Hügel, wo sich jetzt die Kirche erhebt, stand das Diebesgericht

oder der Galgen. Deshalb wurde
jener Stadtteil in früheren Zeiten
auch Galgenviertel genannt.

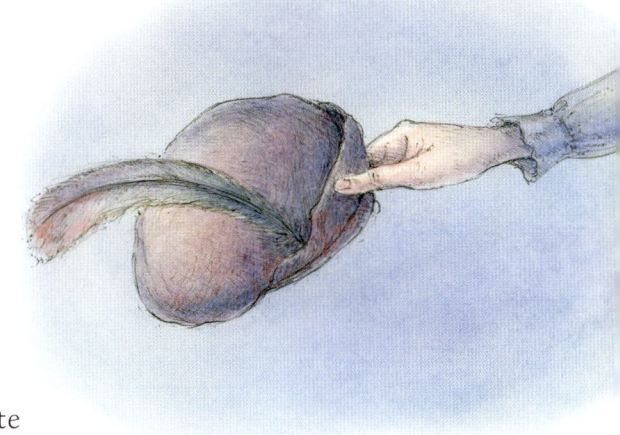

Trotz ihrer Herzhaftigkeit
konnte sie sich des Grauens nicht
erwehren, als sie zum Hochgericht
hinanstieg, denn es rührte und regte
sich oben. Von Zeit zu Zeit vernahm
sie ein Scharren im Sand, wie wenn der arme Sünder heruntergestiegen
sei von seinem luftigen Sitz, um sich bei dunkler Mitternacht ein Grab
zu machen. Sie hielt unwillkührlich inne und schaute verstohlen nach
der Stadt zurück. Dabei tönte es in der Luft wie lautes Wehklagen und
Schmerzgeschrei und Todesröcheln. Aber das verhallte rasch im Winde
und nun fasste sie sich ein Herz.

Denn sie fühlte wohl, wenn sie noch einen Augenblick zauderte,
dass sie, von Grausen überwältigt, so nahe am Ziel die Flucht ergreifen
müsse. Sie hörte schon im Geist das Hohngelächter des Knechts und der
Mägde. So siegte ihr Ehrgefühl über die Furcht und mit wenigen Schritten
stand sie am Rad. Da sah sie denn, dass die Ursache jenes verdächtigen
Geräusches ein Pferd gewesen war, das dort angebunden stand. Das war
unruhig und scharrte mit den Vorderfüßen ungeduldig am Boden. So wie
es die Magd neben sich bemerkte, drängte es sich wie hilfesuchend an
dieselbe und es war deutlich, dass das edle Tier ein Grauen empfand an
diesem unheimlichen Ort.

Während sie den Hals des Rappen streichelte, schaute sie hinauf zu dem
armen Sünder. Der war sein Leben lang ein mächtiger Räuber gewesen
und hatte die Umgegend weit und breit in Schrecken versetzt. Nur durch
List war man seiner habhaft geworden. Denn die stärksten Männer,
welche gegen ihn ausgezogen waren, ihn zu fangen, hatte er mit leichter
Mühe überwältigt und totgeschlagen. Jetzt aber war er still und friedlich
an seinem Ort und ließ sich ruhig das Barett abziehen von der Hand einer
schwachen Magd.

Da stand sie nun mit dem Siegeszeichen im Arm am Rabenstein. Vor sich den Toten, dessen entfesseltes Haar sich im Winde hob und das bleiche Leichenantlitz peitschte. Neben sich den gespenstigen Gaul, der immer unruhiger und zudringlicher wurde. Über sich hoch in den Lüften erneute Klagetöne und das Wimmern eines Sterbenden – und dennoch machte sie keine Anstalten fortzugehen.

Denn sie war ein Weib. Die Neugier siegte über alle Schrecken der Umgebung und sie beschloss, nicht eher von dannen zu gehen, bis sie herausgefunden hatte, wessen das Pferd sei und was es mit dem nächtlichen, unheimlichen Treiben an der anderen Seite des Hügels für eine Bewandtnis habe.

Da die Wolken sich verzogen hatten und sich die Sterne am dunklen Nachthimmel zeigten, so wurde es etwas heller und es war ihr vergönnt, die Gegenstände in einiger Entfernung zu unterscheiden. Ihr Blick schweifte über die umliegenden Gräber. Um nicht gestört zu werden in ihrer Beobachtung, hielt sie sich hinter dem Pferd verborgen und sah nun, wie sich ein Seitenpförtlein im Kloster auftat und eine Nonne herauskam, zu der sich bald ein Mannsbild gesellte. Sie schlugen vereint die Richtung nach dem Hochgericht ein und schienen traulich miteinander zu kosen.

Da sah man plötzlich das Glänzen einer blanken Waffe im Sternenschimmer, ein dumpfer Schrei ertönte, die Nonne brach zusammen und der Räuber stürzte sich auf seine Beute, wie der Habicht auf die Taube.

Als die Magd die Gräueltat verüben sah, da sträubte sich das Haar der Lauscherin und sie hätte beinahe ihre Fassung verloren. Nun war ihr einziger Gedanke, diesem entsetzlichen Aufenthalt so schnell wie möglich zu entrinnen, und mit einem raschen Griff hatte sie das Pferd losgebunden. Sie schwang sich hinauf und

ritt der Stadt zu. Sie hatte nicht nötig, das Tier zur Eile anzutreiben, denn es floh aus eigenem Antrieb den Schreckensort und führte in ungeheuren Sätzen seine leichte Bürde zu den Wohnungen der Menschen.

Im Hause ihres Brotherrn war man indessen in der gespanntesten Erwartung. Zu Anfang glaubte man immer noch, die Magd werde sich doch besinnen und nach kurzer Zeit umkehren. Als sie aber eine Stunde wegblieb und noch eine, da wurde man ihretwegen besorgt, und der Bürgermeister, der ebenfalls wach geblieben war, um den Ausgang zu erfahren, machte dem Diener Vorwürfe, dass er mit der Herzhaftigkeit eines schwachen Mägdleins ein freventliches Spiel getrieben hatte.

Da brauste es plötzlich die Obernstraße herauf, aber es war nicht das Sausen des Windes, sondern Pferdegetrappel, das sich mit reißender Schnelle näherte. In wenigen Augenblicken hielt der Reiter gerade vor des Bürgermeisters Hause still, und alles stürzte an die Tür, um das neue Abenteuer zu schauen und zu sehen, was der späte Bote noch brächte. Da schwang sich die Magd leicht herunter von dem Pferd und hielt den Staunenden freudig das Barett entgegen.

»Ich habe die Wette gewonnen«, rief sie, »und morgen bekomme ich den neuen Rock!«

»Den sollst du haben, du kühne Magd, und ich für meinen Teil lege noch ein neues Wams dazu«, sagte Herr Cord. »Nun aber sprich, was hat es mit dem Pferd für eine Bewandtnis?«

Als sie nun die nächtliche Freveltat erzählt hatte, da befahl der kluge Herr, das Tier in den Stall zu bringen. Am Morgen wollte man es vor der Haustür anbinden, dann werde der Mörder sich schon einstellen, um sein Eigentum zurückzufordern.

Und so geschah es. Am folgenden Morgen trat ein Mann von wildem Aussehen ins Haus, der ein großes Bündel unter dem Arm trug und ohne

viele Umstände sein Pferd zurückverlangte. »Es ist mir«, sagte er trotzig, »diese Nacht entlaufen und ich danke Euch, dass Ihr es eingefangen und an die Straße gebunden habt, so dass ich es ohne große Mühe habe wiederfinden können.«

So hatte er sich selbst, ohne dass er es wusste, als den Mörder angegeben, und die Gerichtsdiener, die im Haus des Bürgermeisters schon auf ihn warteten, traten hinzu und legten ihn in Fesseln. Als er sich verraten sah, gestand er die schwarze Tat ein. Er hatte nacheinander drei Klosterjungfrauen zur Flucht mit ihren besten Schätzen überredet und sie dann alle drei erwürgt, beraubt und im Sand verscharrt.

Er erhielt den verdienten Lohn. Das Kloster aber wurde wegen dieses Vorfalls nach Lilienthal verlegt.

Hahl-awer

Es war ein schöner Frühlingsmorgen als zwei junge Bauernburschen auf der Steinstraße nach Bremen unterwegs waren. In der Nähe des Paulsklosters rasteten sie einige Augenblicke, um vor dem Einzug in die Stadt erst noch zu frühstücken und sich ein wenig von der Reise zu erholen. Denn sie hatten sich schon zeitig auf den Weg gemacht. Sie hatten zu Haus kein Vermögen zu erwarten, und da sie vernommen, wie dieser und jener sein Glück gemacht hatte in der Stadt, so hatten sie beschlossen, dort ebenfalls ihr Heil zu versuchen.

»Bin ich doch recht neugierig«, hob der Ältere der Brüder an, nachdem er seine Blicke über die Stadt mit den sonnenhellen Türmen und Festungswerken hatte schweifen lassen, »was unser dort erwartet. Erinnerst du dich noch, wie einst ein Durchreisender bei uns erzählte, wie man bei einer streitigen Ratsherrnwahl beschlossen hatte, den Ersten, den Besten zu nehmen, der den Marktplatz betreten würde. Und wie unmittelbar darauf ein Bauer mit seinem Kalb erschienen sei, welchen man denn auch richtig bestätigt habe? – Ja wenn das Glück etwas für einen tun wollte!« Er schaute sinnend vor sich hin. Der Jüngere aber fing

hell an zu lachen über des Bruders Reden und machte ihm Vorwürfe über seinen hochfahrenden Sinn von Jugend auf.

»Du magst nicht Unrecht haben«, fiel jener mit einiger Heftigkeit ein, »ich mag hoffärtig sein. Wenigstens ist es wahr, dass ich immer höher hinausgedacht habe als du, und ich denke, es soll mir auch in der Stadt nicht fehlen.«

»Woher des Wegs und wohin?«, erscholl die Frage eines Bürgers, der ihnen auf ihrem Weg zum Ostertor begegnete. »Wenn ihr kommt, um einen Dienst zu suchen, so kann ich einen von euch beiden gebrauchen, und da bist du, Kleiner, mir groß genug.«

Der Mann hatte in seinem Wesen etwas so Entschiedenes, dass der junge Mensch es nicht wagte, sich lange zu bedenken, sogleich einschlug und seinem neuen Herrn folgte, nicht ohne ein triumphierendes Lächeln beim Abschied von seinem Bruder. Schien es doch, diesem schleunigen, ersten Erfolge nach zu urteilen, als wenn ihm der Sieg nicht fehlen könne. Dann ging er mit seinem Herrn, der einen Garten in der Vorstadt besaß, den er zu bestellen und zu reinigen hatte.

Der ältere Bruder war wirklich durch dies Ereignis etwas heruntergestimmt in seinen Hoffnungen und setzte traurig seinen Weg fort. Da er indes ein starker, kräftiger Jüngling war, so konnte es ihm gar nicht fehlen, in kurzem ebenfalls einen Dienst zu erhalten. Er trat als Hausknecht bei einem Kaufmann ein, wo er die Waren aus- oder einzupacken hatte.

Dort arbeitete er von morgens bis abends und besorgte seine Obliegenheiten auf das Pünktlichste, obgleich er nicht viel Worte machte. Denn da er, wie auch sein Bruder ihm vorwarf, nicht zufrieden war mit einem bescheidenen Los, so strebte er höher hinaus und war keineswegs gewillt, seine jetzige Stellung lange zu behaupten. Er freute sich nur, dass er dadurch erst festen Fuß in Bremen gewonnen hatte und sich jetzt ohne Sorgen nach einer anderen Stelle umsehen könne, die seinen Hoffnungen und Entwürfen entsprechender sei.

Es war ganz natürlich, dass der fleißige schweigsame Jüngling schon nach kurzer Zeit die Aufmerksamkeit seines Herrn erregte. Er ließ sich

dann und wann mit ihm auf ein Gespräch ein und entdeckte viel natürliche Anlage bei dem jungen Mann. Nun traf es sich, dass sein Buchhalter alt und abgängig wurde, und da er den Augenblick die Stelle nicht besser zu besetzen wusste, so kam er auf den Gedanken, die Anlagen des Jünglings, den er seiner Rüstigkeit wegen lieb gewonnen hatte, durch den nötigen Unterricht ausbilden zu lassen und den Versuch zu machen, inwiefern er denselben anderweitig in seinem Geschäft verwenden möchte.

Die Ansprüche jener uralten Zeit waren nicht sehr bedeutend und die wenigen Abendstunden, welche ihm seine Hausarbeiten frei ließen und die er zum Unterricht im Rechnen und Schreiben verwenden konnte, reichten vollkommen, um aus ihm, bei seinem anhaltenden Fleiß und bei seiner beharrlichen Ausdauer, in Jahresfrist einen Mann zu bilden, dem sein Herr unbedenklich die Führung der Bücher anvertrauen konnte. Der alte Buchhalter wurde in Ruhestand versetzt, der junge Mann übernahm die Stelle und versah seine Geschäfte mit einer Tätigkeit und Besonnenheit,

die nur dazu beitragen konnten, mehr und mehr die Liebe und das Zutrauen seines Herrn zu gewinnen.

Wäre ihm früherhin, als er noch auf seinem Dorfe in ärmlicher Dürftigkeit lebte, die Aussicht eröffnet, dass er jemals in seinem Leben eine solche Stellung wie die jetzige in der bürgerlichen Gesellschaft einnehmen sollte, so würde er darin sicherlich das Ziel seiner höchsten Wünsche erblickt haben.

Jetzt aber, wo er durch die Gunst des Schicksals eine Stelle bekleidete, auf welcher er sich freilich keine Reichtümer und Schätze erwerben konnte, die ihm aber ein ehrenvolles und reichliches Auskommen gewährte, jetzt genügte ihm auch diese nicht mehr und sein einziger Gedanke bei Tag und Nacht war der, wie er zu großen Ehren und gewaltigem Reichtum gelangen möge.

Solches Sinnen und Trachten ließ ihm keine Ruhe und verbitterte ihm seine besten Stunden, da sich ihm, trotz aller Grübeleien die Quelle des Reichtums und das Tor der Ehren nicht entdecken und auftun wollten. Seine Wangen wurden mit jedem Tage blässer und sein Gesicht trug die tiefsten Spuren seines unruhigen Grams.

Nicht ohne Sorgen betrachtete der Herr den Diener, wie er zusehends abfiel. War es ein geheimer Kummer, der ihn drückte? Waren es die Keime einer zerstörenden Krankheit, die sich in seinem Körper zu entwickeln anfingen? Er wartete vergebens darauf, dass sein Liebling sich ihm entdecken möchte und beschloss endlich, einmal selbst ein ernstaftes Wort an ihn zu richten. Er nahm ihn also mit auf sein Zimmer und forderte ihn auf, ungescheut seinen Gram zu offenbaren.

Der Buchhalter wollte lange nicht heraus mit der Sprache. Er fürchtete, seinen Gönner durch die Entdeckung zu beleidigen, dass ihm seine jetzige Stellung zu unbedeutend und zu gering erscheine. Er meinte, durch eine solche Äußerung unfehlbar seine jetzige Stelle zu verlieren und durch ein solches Ereignis mit einem einzigen Schlage all seine Hoffnungen auf eine bedeutende Zukunft zu vernichten. Das wäre ihm unerträglich gewesen. Mochte der Herr auch noch so milde Worte an ihn richten, er schwieg beharrlich.

Als der Herr sah, dass alle väterliche Liebe, Bitten und Zureden an der Hartnäckigkeit seines Gegners zurückprallten, da entbrannte er in gerechtem Zorn. »Deswegen also«, hub er an, »habe ich dich aus dem Staube hervorgehoben und begünstigt vor Vielen, um mir einen mürrischen, einsilbigen Sonderling zu erziehen! Wäre ich ein Freund von solchen Toren, die hätte ich wahrlich auf leichterem Wege erlangen können.«

Der alte Herr hielt einen Augenblick inne und sah dem anderen prüfend ins Auge. Der aber wurde nur mehr und mehr bestürzt und verwirrt, so dass er durchaus nicht im Stande war, eine genügende Antwort zu erteilen.

»Wird es dir denn so schwer«, hub der alte Mann jetzt wieder an und der Ton seiner Stimme wurde weich und väterlich milde, »wird es dir so schwer, mir etwas einzugestehen, was für mich schon lange aufgehört hat, ein Geheimnis zu sein? Oder hält dich vielleicht die Befürchtung einer abschlägigen Antwort von meiner Seite zurück? Ich habe dir mehr Scharfsinn zugetraut und meine, du würdest in den fünf Jahren, die du in meinem Hause bist, mich besser kennengelernt haben, als dass du mir zugetraut hättest, ich würde demjenigen, den ich nachgerade als meinen Sohn zu betrachten mich gewöhne, irgend etwas verweigern, was zu seinem Glücke beitragen könnte?«

»Aber, obgleich ich schon länger weiß, wie die Sachen stehen«, fuhr er nach einer Weile fort, indem er mit freundlichem Vorwurf zu dem Aufhorchenden trat –, »obgleich ich dein Geheimnis schon längst durchschaut habe, so schwieg ich doch, in der Erwartung, du würdest offener gegen mich sein. Oder sollte ich vielleicht vor dich hintreten und dich bitten, die Hand meiner Marie doch nur hinzunehmen?«

Jetzt horchte der junge Buchhalter hoch auf, diese Ansicht der Dinge war ihm ganz neu, er wusste sich aber schnell zu fassen. Denn er sah nun, dass seine Hausgenossen seinem Kummer eine andere Ursache unterlegten, und nahm sich wohl in Acht, den Irrtum aufzuklären.

Sein alter Herr nämlich war kinderlos und hatte auf die Bitten seiner Frau eine junge Verwandte an Kindes statt zu sich genommen. Als man nun die Niedergeschlagenheit des jungen Mannes bemerkte, so schrieb man dies im Hause dem Umstand zu, dass er der hübschen Marie zu tief in die Augen gesehen habe, es aber nicht wage, um die reiche Erbin zu werben. Da aber der junge Buchhalter im Hause so gut angeschrieben war, so beschloss endlich der Hausherr, das Schweigen zu brechen, ihm die Augen zu öffnen über sein Glück und seinen Gram mit einem Mal zu beenden, was ihm auf die angegebene Weise vollständig gelang.

Der junge Buchhalter stürzte dem Herrn zu Füßen und wusste jetzt seinem Entzücken ebenso wenig Worte zu verleihen, als vorher seiner Verlegenheit. Der alte Mann aber, welcher wusste, dass eine solche Verbindung auch Mariens innigster Wunsch war, hob ihn in die Höhe und führte ihn ins Wohnzimmer, wo Marie neben seiner Frau mit Spinnen beschäftigt war. Er legte ihre Hände segnend zusammen, in tiefster Seele erfreut, das Glück derjenigen beiden Menschen, die ihm nächst seinem Weibe die teuersten auf der Welt waren, begründet zu haben.

Nicht lange nachher fand eine fröhliche Hochzeit statt, der alte Herr zog sich aus dem Geschäft zurück und überließ dem früheren Buchhalter die ganze Handlung. War das Glück dem Hause in früheren Zeiten nicht abhold gewesen, so schien es jetzt alles aufzubieten, um alle seine Schätze darüber auszuschütten. Mit jedem Jahre vermehrte sich die Zahl der Schiffe, die nach allen Gegenden der Nord- und Ostsee gingen, und die Erzeugnisse von Russland, den nordischen Reichen und Island nach Bremen führten. Das Wohnhaus, schon etwas veraltet, wurde von Neuem aufgeführt und prachtvoll ausgebaut. Es schimmerte sein Glanz die ganze Obernstraße hinunter, später war es die Wohnung des Bürgermeisters Mindemann. Aller Orten sah man die geräumigen Warenlager des Hauses und es fehlte nichts, was den äußeren Glanz desselben hätte vermehren können.

Im Hause war lieblicher Kindersegen und nach Verlauf weniger Jahre belebten zwei heitere Knaben und ebenso viel blühende Mädchen die Stille des Hauses. Krankheit und Siechtum, die sonst so oft die Ruhe der Familien untergraben, war hier etwas Unerhörtes, und selbst die Eltern genossen ihre rüstige Gesundheit bis ins höchste Lebensalter. So schien also auch das innere Glück des Hauses ohne Fehl und gegen jeden Stoß des Schicksals gesichert.

Aber dennoch fand der junge Mann keine Ruhe. Es war, als würde er von heimlicher Schuld gepeinigt und von schweren Gewissensbissen verfolgt. Seine Frau und die Eltern waren zum Höchsten über diesen bedauernswerten Seelenzustand bekümmert, aber keine Teilnahme, nicht die innigste, liebevollste Zurede half, und man musste zuletzt von jedem Versuch absehen, dem Unglücklichen Trost zu spenden.

Was war es denn nun aber, das den Unglücklichen hin und her trieb, als drücke ihn eine schwere Blutschuld? Was war es denn, das seine Wangen bleichte und den Glanz seines Auges trübte? Was war es, dass ihm bei Tage die Ruhe raubte und des Nächtens nicht schlafen ließ? Es war nicht mehr und nichts weniger, als der übertriebenste Ehrgeiz, der das größte häusliche Glück für nichts achtete, wenn es nicht verbrämt war mit dem Flitterglanz äußerlicher Ehren. Ja, er hätte gern einen Teil seiner irdischen Glücksgüter hingeworfen, gern einen Teil seines häuslichen Glückes geopfert für eine Stellung, die ihm einen in die Augen fallenden Einfluss auf das Wohl und Wehe seiner Mitbürger verliehen und die daraus entspringende Ehrfurcht der Menge gesichert hätte.

Er war aber einmal ein Kind des Glücks, und es schien, als wenn dasselbe geneigt wäre, dem zudringlichen, ungenügsamen Liebling keinen seiner Wünsche abzuschlagen. Durch seine unermesslichen Reichtümer genoss er naturgemäß ein großes Ansehen, und als nun die Stelle eines Stadtrichters zufällig vakant war, wandten sich aller Augen auf ihn, da seine Unparteilichkeit nicht dem geringsten Zweifel unterlag und sein bedeutendes Vermögen die sicherste Bürgschaft

für seine Unbestechlichkeit zu gewähren schien. Mit einem Wort, er wurde einhellig zum Stadtrichter erwählt, und nun sah er mit einem Mal seine kühnsten Wünsche erfüllt. Er hatte jetzt Geld und Gut vollauf, so dass er unbedenklich seine Handelsgeschäfte beiseite legen konnte. Er bekleidete eine der einflussreichsten Stellen in der Stadt, die ihm äußere Ehren und äußeren Glanz verlieh. Was fehlte nun noch zu seinem Glück? Er glaubte, nichts, und somit änderte sich auch mit einem Mal der Zustand seines Inneren. Er wurde wieder freundlich und teilnehmend, wie in seinen jüngeren Tagen, und seine Gattin und Kinder empfanden zum ersten Mal das vollkommene Glück der häuslichen Glückseligkeit.

Er hatte nun mithin jenes Ziel, das ihm bei seiner Einwanderung vorgeschwebt hatte und das seinem Bruder so lächerlich vorgekommen war, wirklich erreicht. Freilich nicht in einem Tage, wie jener Landmann mit seinem Kalb, sondern nach jahrelangem Streben, nach vieljähriger Mühe und Pein. Auch nahm er sein Richteramt wahr mit Ernst und Würde. Niemand hatte begründete Ursache, sich über seine Entscheidungen zu beschweren, und er erwarb sich, was gerade in dieser undankbaren Stellung so gar wenigen gelingt, die unumschränkteste Liebe, das ungeteilteste Vertrauen. Er war noch immer ängstlich, ob seinem Glück noch etwas abgehen könne. Aber schon nach wenigen Jahren war er zu der festen Überzeugung gelangt, dass er der glücklichste der Sterblichen sei. Aber die Erde ist nicht der Wohnsitz ganz reiner, ungetrübter Seligkeit. Diese bittere Erfahrung sollte der Richter endlich auch machen, und zwar durch das Zusammentreffen von Umständen, welche dazu am Wenigsten Veranlassung hätten bieten dürfen.

Sein Bruder nämlich, der sich schon bei seinem Eintritt in die Stadt von ihm getrennt hatte, war bei seinem Gärtner manches lange liebe Jahr in Dienst geblieben, und obgleich der älteste, als er in bessere Umstände geriet, ihm oftmals Unterstützung angeboten hatte, damit er sich selbst einen Garten kaufen oder sonst ein beliebiges anderes Geschäft ergreifen könnte, so hatte er solches beständig abgelehnt. Vielleicht, wie der Ältere meinte, aus einer Art von Neid gegen den Glücklicheren. Er schützte beständig vor, er sei selbst Manns genug und werde sich schon durchzuhelfen wissen.

Diese beständige Verweigerung und Abwehr seiner gutgemeinten Anerbietungen verdross den älteren Bruder. Es trat große Kälte unter den beiden ein und im Verlauf der Jahre wurden sie einander fast fremd, da der

Reiche müde war, mit seinen Unterstützungen aufdringlich zu sein, der Jüngere aber zu stolz, um sich am Strahl der Glückssonne seines Bruders zu wärmen. Anstatt also unter jener Beihilfe eine großartige Rolle zu spielen, suchte der Jüngere etwas darin, sich auf eigne Hand einzurichten, sollte es auch noch so dürftig sein. Er war überglücklich, als er die Hand der Tochter des alten Fährmanns am Punkendeich erhielt, dessen Nachfolger er nun wurde. Hatte er jetzt doch seinen eigenen Herd und sein gutes Auskommen. Was kümmerte ihn jetzt des Bruders Glanz und Größe?

So verfloss denn manches Jahr und mancher Wassertropfen lief weserab, ohne dass sich der eine um den anderen kümmerte, ja ohne dass der eine des anderen auch nur ansichtig wurde. Und während der ältere Bruder in Lust und Freuden lebte, saß der Jüngere draußen am Strom und wartete treulich seiner Fähre. Wenn der Abend herabstieg und die Sterne am Himmel funkelten oder der Mond sich in den Fluten spiegelte und die ferne Landschaft in süße Dämmerung verhüllt lag, da dachte er oftmals, dass die goldenen Prachtgemächer seines Bruders in den beschränkten Straßen der Stadt doch nichts wären gegen diese Herrlichkeit, welche ihm zu schauen vergönnt war.

Er dachte kaum mehr an ein Zusammentreffen mit seinem Bruder, als die Melker auf eine Herabsetzung des Fährgeldes zum Werder bestanden. Was sie dem alten Fährmann bewilligt, sei freiwillig gewesen.

Jetzt trat der Fährmann vor den Richter hin und überreichte ihm schweigend die Beweise, dass er ganz in seinem Rechte sei. Nun glaubte der Richter, es würde einen bösen Schein auf seine Unparteilichkeit werfen, wenn er dem Bruder das Recht zuspräche und setzte des Fährmanns Lohn auf die Hälfte herab. Da erbleichte der Jüngere, denn es trat vor seine Seele der Mangel und die Not seines Weibes und seiner Kinder für die Zukunft und rief im Fortgehen: »Solch ungerechtes Gericht wird dich auch im Tode nicht ruhen lassen!«

Jetzt erkannte er, wie der falsche Schimmer der Gerechtigkeit ihn zu der größten Ungerechtigkeit gegen den eigenen Bruder verleitet hatte. Er erhob sich, als wollte er demselben nacheilen. Aber nach wenigen Schritten wurde sein Auge stier, die Wange leichengrau und er sank zum Entsetzen aller Anwesenden tot zu Boden. Sein Weib war untröstlich und zog nach seiner Bestattung zu ihren Verwandten auf das Land, da ihre prächtige Wohnung keinen Reiz mehr für sie hatte. Es fand sich leicht ein Käufer für das schöne Haus; doch obgleich er es für wenig Geld erstanden, meinte er doch schon nach einigen Tagen, dass er es viel zu teuer bezahlt hätte. Denn, wenn er aus dem Fenster des Prachtsaales schaute, stand niemand anderes hinter ihm als der Geist des verstorbenen Richters, der ihm mit gramerfülltem Antlitz über die Schulter blickte. So zeigte sich derselbe unvermutet in Küche und Keller und alle Hausbewohner gerieten in Schreck. Da ließ man einen sehr gelehrten Kapuziner aus fernen Landen kommen. Der trieb den Geist durch seine Beschwörungen dahin, wo er ihn haben wollte, und brachte ihn des Abends, trotz allen Widerstrebens in den bereit gehaltenen Wagen. Dann ging es fort zum Ostertor. Als sie am Rathaus vorbei fuhren, tönte drei Mal eine schreckliche, Mark und Bein erschütternde Stimme aus der Kutsche: *Richtet recht!*

Je weiter sie sich dem Ostertor näherten, je schwerer machte sich der Geist, denn er wollte ungern zur Stadt hinaus, bis die Pferde still standen. Aber der Kapuziner lächelte über solche vergebliche Widersetzlichkeit, ließ Vorspann kommen aus dem Marstall, und jetzt ging es in raschem Trab zum Tor hinaus am Schwarzen Meer vorbei weiter bis in die Pauliner Marsch. Dort wurde der Geist mit einem solchem Bann belegt, dass er nicht eher zurückkehren dürfe, als bis er den Sumpf mit einem Sieb erschöpft habe bis auf das letzte arme Tröpflein und das grüne Gras auf der Weide gezählt bis auf den letzten Halm.

Dieser Auftrag mochte dem Geist zu trocken vorkommen. Denn anstatt zu schöpfen und zu zählen, vertrieb er sich die Zeit mit anderen Dingen. Er neckte und prügelte die Melkerknechte, die in früher Morgendämmerung die Weide betraten, und lief wie ein frischer junger Kerl, wo sich ein hübsches Mädchen in der Ferne zeigte, so dass die ganze Pauliner Marsch in Verruf kam und von jedermann gemieden wurde.

Dem Verbannten war es jetzt auf der Wiese zu einsam, doch in die Stadt durfte er nicht wieder zurück, so lange nicht der Bann gelöst war. Also richtete er sein Trachten auf den Werder, woher das Gelächter der Milchmädchen so lockend herüberscholl. Dem Fährmann fiel es nun freilich wohl auf, als er in der Morgendämmerung sein Schiff betrat, um die Melker überzusetzen, und unter ihnen eine herrlich gekleidete Gestalt erblickte, die abgewandten Gesichts ins Wasser sah. Das Rätsel löste sich aber erst, als das Schiff drüben angekommen war. Denn als der Fährmann der Sitte gemäß ans Ufer trat, um der Reihe nach das Fährgeld in Empfang zu nehmen, raffte sich die Gestalt empor und schoss an ihm vorüber, indem sie mit heiserer Stimme rief: »Der letzte Mann bezahlt die Fähr!« Da sprang der Schiffer entsetzt in seinen Kahn zurück und alle schrien, er möge sie nur in Gottes Namen wieder zurückführen. Denn der Fährmann hatte in des Bruders verzerrtes Angesicht geschaut und den übrigen war das heisere Gelächter gar wohl bekannt. Drüben nun war es viel lustiger als auf der Marsch und der Verbannte vertrieb sich die schöne Sommerzeit mit den muntersten und gottlosesten Streichen. Aber als der Herbst kam, sehnte er sich wieder nach der Marsch, um zu versuchen, ob es ihm nicht in den langen Herbst- und Winternächten gelingen möchte, den Sumpf zu entleeren, die Halme zu zählen und seinen Bann zu lösen. Er rief also das Losungswort für den Fährmann, das weit hallende *Hahl-awer*. Als aber der Gerufene sich näherte und erkannte, wer dort am Ufer stand, wandte er mit Grauen sein Fahrzeug zurück. Jener erhob späterhin wohl noch oftmals seine Stimme. Aber dem Fährmann war der Ruf bekannt und er ließ sich nicht täuschen; noch auch seine Kinder und keiner seiner

Nachfolger. So muss der Verbannte, den man seines Rufs wegen den *Hahl-awer* nennt, drüben bleiben, so lange noch der Fisch im Wasser ist und der Vogel in der Luft. Zur Sommerszeit geht's, wenn aber erst die Kühe hereingetrieben sind und der Herbst da ist, wo er nur die einsame Lerche hört, die sich beim Dämmerschein des Mondes mit leisem Schrei vom Boden erhebt, wenn er ihrem Lager zu nahe kommt und der Winter mit seinen Gewässern, welche die Landschaft weit und breit überströmen, dann graut es ihn. Und noch heutigen Tages ziehen die Bewohner des Punkendeichs die Bettdecken fester über dem Kopf, wenn in dunklen Winternächten vom Werder herüber voll Klage und Sehnsucht der Ruf hallt: *Hahl-awer.*

Die Bremer Stadtmusikanten

s hatte ein Mann einen Esel, der schon lange Jahre die Säcke unverdrossen zur Mühle getragen hatte, dessen Kräfte aber nun zu Ende gingen, sodass er zur Arbeit immer untauglicher ward. Da dachte der Herr daran, ihn aus dem Futter zu schaffen, aber der Esel merkte, dass kein guter Wind wehte, lief fort und machte sich auf den Weg nach Bremen: Dort, meinte er, könnte er ja Stadtmusikant werden.

Als er ein Weilchen fortgegangen war, fand er einen Jagdhund auf dem Wege liegen, der jappte wie einer, der sich müde gelaufen hat. »Nun, was jappst du so, Packan?«, fragte der Esel. – »Ach«, sagte der Hund, »weil ich alt bin und jeden Tag schwächer werde, auch auf der Jagd nicht mehr fort kann, hat mich mein Herr totschlagen wollen, da habe ich Reißaus genommen; aber womit soll ich nun mein Brot verdienen?« – Weißt du was«, sprach der Esel, »ich gehe nach Bremen und werde dort Stadtmusikant, geh mit und lass dich auch bei der Musik annehmen. Ich spiele die Laute, und du schlägst die Pauken.« Der Hund war es zufrieden, und sie gingen weiter.

Es dauerte nicht lange, so saß da eine Katze an dem Weg und machte ein Gesicht wie drei Tage Regenwetter. »Nun, was ist dir in die Quere gekommen, alter Bartputzer?«, sprach der Esel. – »Wer kann da lustig sein, wenn's einem an den Kragen geht«, antwortete die Katze. »Weil ich nun zu Jahren komme, meine Zähne stumpf werden, und ich lieber hinter dem Ofen sitze und spinne, als nach Mäusen herumjage, hat mich meine Frau ersäufen wollen; ich habe mich zwar noch fortgemacht, aber nun ist guter Rat teuer: Wo soll ich hin?« – »Geh mit uns nach Bremen, du verstehst dich doch auf die Nachtmusik, da kannst du ein Stadtmusikant werden.« Die Katze hielt das für gut und ging mit.

Darauf kamen die drei Landesflüchtigen an einem Hof vorbei, da saß auf dem Tor der Haushahn und schrie aus Leibeskräften. »Du schreist einem durch Mark und Bein«, sprach der Esel, »was hast du vor?« – »Da hab ich gut Wetter prophezeit«, sprach der Hahn, »weil unser lieben Frauen Tag ist, wo sie dem Christkindlein die Hemdchen gewaschen hat und sie trocknen will; aber weil morgen zum Sonntag Gäste kommen, so hat die Hausfrau doch kein Erbarmen, und hat der Köchin gesagt, sie wollte mich morgen in der Suppe essen, und da soll ich mir heut abend den Kopf abschneiden lassen. Nun schrei ich aus vollem Hals, so lang ich noch kann.« – »Ei was, du Rotkopf«, sagte der Esel, »zieh lieber mit uns fort, wir gehen nach Bremen, etwas Besseres als den Tod findest du überall; du hast eine gute Stimme, und wenn wir zusammen musizieren, so muss es eine Art haben.«

Der Hahn ließ sich den Vorschlag gefallen, und sie gingen alle viere zusammen fort. Sie konnten aber die Stadt Bremen in einem Tag nicht erreichen und kamen abends in einen Wald, wo sie übernachten wollten.

Der Esel und der Hund legten sich unter einen großen Baum, die Katze und der Hahn machten sich in die Äste, der Hahn aber flog bis in den Wipfel, wo es am Sichersten für ihn war. Ehe er einschlief sah er sich noch einmal nach allen vier Winden um, da deuchte ihn, er sähe in der Ferne ein Fünkchen brennen und rief seinen Gesellen zu, es müsste nicht gar weit ein Haus sein, denn es scheine ein Licht.

Sprach der Esel: »So müssen wir uns aufmachen und noch hineingehen, denn hier ist die Herberge schlecht.« Der Hund meinte, ein paar Knochen und etwas Fleisch dran täten ihm auch gut. Also machten sie sich auf den Weg nach der Gegend, wo das Licht war und sahen es bald heller schimmern und es ward immer größer, bis sie vor ein hell erleuchtetes Räuberhaus kamen.

Der Esel, als der Größte, näherte sich dem Fenster und schaute hinein.

»Was siehst du, Grauschimmel?«, fragte der Hahn.

»Was ich sehe?«, antwortete der Esel, »einen gedeckten Tisch mit schönem Essen und Trinken, und Räuber sitzen daran und lassen sich's wohl sein.«

»Das wäre was für uns«, sprach der Hahn. »Ja, ja, ach, wären wir da!«, sagte der Esel. Da ratschlagten die Tiere, wie sie es anfangen müssten, um die Räuber hinauszujagen und fanden endlich ein Mittel. Der Esel musste sich mit den Vorderfüßen auf das Fenster stellen, der Hund auf des Esels Rücken springen, die Katze auf den Hund klettern und endlich flog der Hahn hinauf und setzte sich der Katze auf den Kopf. Wie das geschehen war, fingen sie auf ein Zeichen insgesamt an, ihre Musik zu machen: Der Esel schrie, der Hund bellte, die Katze miaute und der Hahn krähte; dann stürzten sie durch das Fenster in die Stube hinein, dass die Scheiben klirrten.

Die Räuber fuhren bei dem entsetzlichen Geschrei in die Höhe, meinten nicht anders als ein Gespenst käme herein und flohen in größter Furcht in den Wald hinaus. Nun setzten sich die vier Gesellen an den Tisch, nahmen mit dem vorlieb, was übrig geblieben war, und aßen, als wenn sie vier Wochen hungern sollten.

Wie die vier Spielleute fertig waren, löschten sie das Licht aus und suchten sich eine Schlafstätte, jeder nach seiner Natur und Bequemlichkeit. Der Esel legte sich auf den Mist, der Hund hinter die Tür,

die Katze auf den Herd bei der warmen Asche und der Hahn setzte sich auf den Hahnenbalken. Und weil sie müde waren von ihrem langen Weg, schliefen sie auch bald ein. Als Mitternacht vorbei war und die Räuber von Weitem sahen, dass kein Licht mehr im Hause brannte, auch alles ruhig schien, sprach der Hauptmann: »Wir hätten uns doch nicht sollen ins Bockshorn jagen lassen«, und hieß einen hingehen und das Haus untersuchen.

Der Abgeschickte fand alles still, ging in die Küche, ein Licht anzuzünden, und weil er die glühenden, feurigen Augen der Katze für lebendige Kohlen ansah, hielt er ein Schwefelhölzchen daran, dass es Feuer fangen sollte.

Aber die Katze verstand keinen Spaß, sprang ihm ins Gesicht, spie und kratzte. Da erschrak er gewaltig, lief und wollte zur Hintertür hinaus, aber der Hund, der da lag, sprang auf und biss ihn ins Bein. Und als er über den Hof an dem Mist vorbeirannte, gab ihm der Esel noch einen tüchtigen Schlag mit dem Hinterfuß; der Hahn aber, der vom Lärmen aus dem Schlaf geweckt und munter geworden war, rief vom Balken herab: »Kikeriki!«

Da lief der Räuber, was er konnte, zu seinem Hauptmann zurück und sprach: »Ach, in dem Haus sitzt eine greuliche Hexe, die hat mich angehaucht und mit ihren langen Fingern mir das Gesicht zerkratzt. Und vor der Tür steht ein Mann mit einem Messer, der hat mich ins Bein gestochen; und auf dem Hof liegt ein schwarzes Ungetüm, das hat mit einer Holzkeule auf mich losgeschlagen; und oben auf dem Dach, da sitzt der Richter, der rief, bringt mir den Schelm her. Da machte ich, dass ich fortkam.«

Von nun an getrauten sich die Räuber nicht weiter in das Haus, den vier Bremer Musikanten gefiel's aber so wohl darin, dass sie nicht wieder heraus wollten. Und der, der das zuletzt erzählt hat, dem ist der Mund noch warm.